LIONEL ASTRUC
VANDANA SHIVA

Eine andere Welt ist möglich

Aufforderung zum zivilen Ungehorsam

Aus dem Französischen von Gabriele Gockel,
Sonja Schuhmacher und Thomas Wollermann

Inhalt

*Dieses Buch entstand aus Gesprächen
Vandana Shivas mit dem französischen
Autor und Journalisten Lionel Astruc.
Vandana Shiva erzählt dabei über ihr
Leben, ihre Motivation, ihre Kämpfe und
ihre Vision für eine bessere Zukunft.*

Einleitung von Lionel Astruc

Die Themen von Vandana Shiva – ein verwobenes Netz

»Mit der Lüge verhält es sich wie mit einer übersättigten Lösung: Gibt man nur einen Tropfen Wahrheit zu, so kristallisiert sich alles um ihn herum.« VANDANA SHIVA

Meine erste Begegnung mit Vandana Shiva erlebte ich wie eine kalte Dusche. Ich hatte sie im April 2010 anlässlich eines Prozesses kontaktiert, der in den indischen Medien großes Aufsehen erregte. Sie hatte es recht eilig und beachtete mich kaum, auch Absprachen zu einem alternativen Termin waren schwierig; einmal sprang sie direkt vor meiner Nase in ein Auto und entschwand wortlos. Eine halbe Stunde später tauchte ihr Gesicht im Fernsehen auf. Da saß sie dann auf einem Podium von CNN, selbstbewusst und tadellos gekleidet in ihrem Sari, schaute ihren Gesprächspartnern entschlossen in die Augen und argumentierte mit großer Überzeugungskraft. Nachdem das drei Tage lang so ging, machte ich ihr unmissverständlich klar, dass das so nicht ginge und ich wieder nach Frankreich zurückreisen würde. Vandana schwieg einen Augenblick – und war auf einmal wie ausgewechselt. Sie schätzt Offenheit über alles und hasst nichts so sehr wie falsche Freundlichkeit. Seitdem hat sich unser Verhältnis stetig verbessert, ja ist mit der Zeit sogar zu einer Freudnschaft geworden.

Inzwischen habe ich verstanden, warum sie mich anfangs so abblitzen ließ: Der Kampf für die Umwelt ist in Indien zu einem äußerst gewalttätigen Konflikt geworden, in dem Dörfer niedergebrannt und Menschen entführt, zwangsweise umgesiedelt und gefoltert werden. Im Büro von Vandana Shiva in Neu-Delhi herrscht die Atmosphäre eines Feldlagers, für Artigkeiten und leeres Geplauder hat man dort keine Zeit. Der Krieg um die Rohstoffe, der in Zentralindien wütet, hat bereits Tausende das Leben gekostet. Im indischen Baumwollgürtel im Westen des Landes kommt es Jahr für Jahr zu einer Welle von Suiziden, weil immer mehr Bauern unter der Last ihrer Schulden zusammenbrechen und sich das Leben nehmen (mehr als 284.000 zwischen 1995 und 2012), oft, indem sie eben jene Pestizide schlucken, die sie in den Ruin gestürzt haben. Vandana Shiva widmet ihren Alltag kompromisslos einem Kampf, in dem Stunde um Stunde viele Hektar Land zerstört, in dem Familien enteignet und in die Armut gestürzt werden, und der letztlich auch Menschenleben kostet. Jedes Jahr, das in diesem Kampf verlorengeht, sichert den Lobbyisten Profite und bringt uns näher an den Punkt, an dem Klimawandel, die Zerstörung der Biodiversität und die Ressourcenerschöpfung unumkehrbar in die Katastrophe führen.

Inzwischen sitze ich wie selbstverständlich an der Seite von Vandana im Flugzeug oder im Zug, wenn sie zu Konferenzen, Prozessen oder Demonstrationen unterwegs ist, oder ich begegne ihr, wenn sie mit einer Tasse Chai in der Hand einen Augenblick Ruhe auf der Terrasse ihres ökologischen Zentrums Navdanya sucht. Verschmitzt tadelt sie mich dann dafür, dass ich ihr mit meinen Interviews zu viel ihrer kostbaren Zeit stehle. Aber sie hat immer ein verständnisvolles Lächeln für mich, hört sich bereitwillig meine Fragen an, lässt sich ins Gespräch mit mir ein und lässt mich an ihrem familiären, beruflichen und politischen Leben teilhaben. Möge diese außerordentliche Persönlichkeit die Leserinnen und Leser ebenso faszinieren wie mich.

Mobilisierung durch das gelebte Vorbild

Vandana Shiva zieht heute überall dort, wo es um Fragen von Gesellschaft und Umwelt geht, die Menschen in ihren Bann. Dabei war sie einst nur eine einfache Frau in einem handgewebten Sari und einem Paar Sandalen.

Im März 1987 erfuhr diese Frau in dem kleinen französischen Dorf Bogève etwas, das sie nicht mehr losließ und das sie der ganzen Welt mitzuteilen beschloss. Die Wissenschaftlerin nahm damals an einem von einer schwedischen Stiftung organisierten Seminar über den Einfluss der Biotechnologie auf die Wirtschaft teil. Es war ein Treffen im kleinen Kreis und niemand achtete auf die stille Inderin, die als Begleiterin ihrer Schwester, einer Ärztin, gekommen war. Und so sprachen Vertreter der Saatgutindustrie in dem Seminar ganz offen über ihre Zukunftsstrategien und einen perfiden Plan, der in den folgenden drei Jahrzehnten tatsächlich realisiert wurde: Mithilfe des Patentrechts und gentechnisch veränderter Organismen (GVOs) wollten einige wenige Unternehmen die Kontrolle über unser Saatgut übernehmen und den Bauern in der ganzen Welt anschließend verkaufen, was ihnen der Boden bislang kostenlos bot – Pflanzensamen. Zu diesem Zweck wollte man sich zu einem aus fünf großen Unternehmensgruppen bestehenden Oligopol zusammenschließen und größtmöglichen Einfluss auf die Entscheidungen von Regierungen und internationalen Institutionen ausüben. Vandana Shiva begriff sofort die Tragweite dieses Plans, von dem sie damals als einzige Person außerhalb eines eingeschworenen Zirkels von Konzernmitarbeitern der Agrochemie erfuhr.

Ende der 1980er-Jahre machten sich weder die Bevölkerung noch die Nichtregierungsorganisationen (NGOs) Gedanken um Patentrechte und gentechnisch veränderte Organismen. Vandana Shiva war klar, wie fatal sich dieses Desinteresse auswirken könnte, und sie entwickelte schon auf dem Rückflug von dem Treffen nach Neu-Delhi eine Widerstandsstrategie. Seit jenem Frühlingstag lässt ihr das Thema keine Ruhe mehr und um das Recht auf Saatgut zu beschützen, hat sie sich seitdem mit größter Entschlossenheit in die Konfrontation mit einigen der mächtigsten Unternehmen des Planeten gestürzt.

Shiva, eine Physikerin mit einem Doktor in Wissenschaftstheorie, ist weltweit zur Symbolfigur der ökologischen Revolution geworden und führt die globalisierungskritische Bewegung an, die sie mitbegründet hat. Sie steht in Dialog mit Millionen Aktivisten, die sie in Seattle, Genua, Kopenhagen, Paris, Rom oder Bangalore trifft und an die sie sich über die Medien der fünf Kontinente, die sozialen Netzwerke und zahlreiche Dokumentarfilme wendet.[1] Sie trug dazu bei, dass 2 Millionen Demonstranten in 52 Ländern 2013 am »March Against Monsanto« teilnahmen. Schon im Dezember 2009 sprach sie bei einer Konferenz in Kopenhagen in der Kälte der dänischen Hauptstadt vor einer dichtgedrängten Menge von 100.000 Menschen. Im Oktober 1993 waren es sage und schreibe 500.000 Demonstranten gewesen, die ihrem Aufruf zum zivilen Ungehorsam gefolgt und mit ihr durch die Straßen von Bangalore gezogen waren. Diese Resonanz und die Anerkennung ihrer Arbeit – sie erhielt unter anderem den alternativen Nobelpreis und den Sydney-Friedenspreis – sind das Resultat des ehrgeizigen Unterfangens, gleichzeitig auf lokalem wie internationalem Terrain zu kämpfen. »Die Popularität von Vandana Shiva wächst und wächst und ist für Unternehmen wie Monsanto zum echten Problem geworden«, schrieb die *Time* im November 2013. Der Bekanntheitsgrad dieses »Rockstars der Anti-GVO-Bewegung«[2] bringt es mit sich, dass sie zur bevorzugten Zielscheibe der Pro-GVO-Lobby geworden ist, von der sie über die Medien unablässig attackiert wird.

Gandhi hatte das Spinnrad zum Symbol gewählt und darauf selbst die Baumwolle für seine Kleidung gesponnen. »Warum sollten das andere für mich tun?«, antwortete er, wenn ihn jemand nach dem Sinn fragte. Im Andenken an Gandhi hat Shiva das Saatkorn zum Sinnbild ihres Kampfs gemacht. Auch sie versteht sich als Lehrerin, die durch ihr Beispiel wirken möchte. Zu diesem Zweck hat sie einen Modellbauernhof geschaffen, der absichtlich auf durch Intensivlandwirtschaft ausgelaugter Erde errichtet wurde, die nun durch eine bedachtere Landwirtschaft wiederbelebt wird. Außerdem hat sie ein breites Netz von Saatgutbanken aufgebaut, bislang 120.

Doch sie beschränkt sich nicht auf den hochspezialisierten Kampf im landwirtschaftlichen Bereich – für Shiva ist das Saatgut ein Katalysator für so wichtige Fragen wie Ernährungssouveränität, Demokratie, Frieden, gesellschaftliches Engagement und Feminismus.

Nahrungsknappheit im Süden ... und im Norden

Shiva stammt aus einer Familie, die schon immer Wert auf Ernährungssouveränität legte. Das hat sie schon früh für dieses Thema sensibilisiert.

Die internationalen Konzerne rauben vielen Ländern des Südens ihre Nahrungssouveränität, ja sogar ihre Nahrungssicherheit. Das führt nicht selten dazu, dass in ein und derselben Region industrielle Massenproduktion von Lebensmitteln und Nahrungsmangel der lokalen Bevölkerung direkt nebeneinander existieren. Doch die Nahrungssouveränität ist auch in den Ländern der Wohlhabenden bedroht: Das Leben aller Menschen hängt von Versorgungsgütern ab, die über große Distanzen herangeschafft werden und deren Verfügbarkeit keineswegs gesichert ist. Eine Unterbrechung der Importe (durch Streiks, Naturkatastrophen, Krisen, einen plötzlichen Preisanstieg von Erdöl und dergleichen) kann schon innerhalb weniger Tage zu einer akuten Mangelsituation führen, da die Länder des Nordens ihre Resilienz vernachlässigt und die Eigenproduktion von Nahrungsmitteln aufgegeben haben. Shiva hat auch die individuellen, weniger offensichtlichen Aspekte dieses Souveränitätsverlusts im Blick, beispielsweise, dass immer weniger Menschen wissen, wie man schmackhafte Gerichte zubereitet – ein Phänomen, das sie besonders beunruhigt.

Um dem entgegenzuwirken, lenkt die indische Aktivistin die Aufmerksamkeit auch auf die vielen hoffnungsträchtigen Selbstversorgungsinitiativen in Familien, Gemeinden und Städten. Das Konzept der Ernährungssouveränität wird vielfach aufgegriffen: Man findet es in gemeinschaftlich genutzten Gärten, in der solidarischen Landwirtschaft, Organisationen zur regionalen Nahrungsversorgung und in vielen anderen Ansätzen. Dabei gelingt es oft, unterschiedlichste gesellschaftliche Gruppen zusammenzubringen.

Doch so sehr diese Bewegung an Fahrt aufnimmt, all das reicht nicht, die Banken davon abzuhalten, weiterhin mit Rohstoffen, auch mit Nahrungsmitteln, zu spekulieren. Und die Konzerne reißen sich nach wie vor Land unter den Nagel und plündern die Schätze der Natur in einer Weise, die in wahre Rohstoffkriege ausartet. In armen Regionen wie Zentralindien stützen sie sich bei der Enteignung der indigenen Bevölkerung teilweise auf Milizen und die reguläre Armee. Die vielen Opfer auf diesem ökonomischen Schlachtfeld – von dem unsere Güter des Massenkonsums kommen – lassen die europäische Presse weitgehend gleichgültig. Shiva zeigt uns die Brutalität dieses Kampfs, der gegen die Ärmsten der Armen geführt wird und in den Tiefen der Wälder von Andhra Pradesh, Jharkhand oder Chhattisgarh deren einzigartige ökologische Lebensweise zerstört. Der Reichtum, der in ihrem Heimatboden steckt, ist für diese Menschen, die nach dem Gewohnheitsrecht leben und denen in ihrem großen Respekt vor der Natur der Begriff des Eigentums fremd ist, zum Fluch geworden. Shiva setzt sich dafür ein, eine klare Trennlinie zwischen Unternehmen zu ziehen, deren Arbeit der Gesellschaft und dem Gemeinwohl dient, und solchen, die rechtliche Bollwerke zwischen den Bürgern und den Gemeingütern errichten, um Kapitalrendite aus dem Boden, Wasser, dem Saatgut und allen anderen Ressourcen zu schlagen.

Ziviler Ungehorsam im Kampf für die Freiheit des Saatguts

Die ökonomische Ausplünderung betrifft sämtliche Schätze der Natur, von denen jedoch einer von besonderer Bedeutung ist: Wie kann man die Lebensmittelversorgung überhaupt sicherstellen, wenn die Vermehrung des Saatguts verboten oder unmöglich gemacht wird? So klein und für den Endkonsumenten oft gar nicht sichtbar Samenkörner sind, ohne sie gibt es kein Leben auf der Erde. Vandana Shiva erläutert die fundamentalen Unterschiede zwischen dem Saatgut der Bäuerinnen, Hybridsaatgut und gentechnisch verändertem Saatgut. Sie geht auch auf die sozioökonomischen und biotechnologischen Auswirkungen ein und beschreibt die Strategien der Biopiraterie, mit denen die Giganten der Agrochemie zu Werke gehen.[3] Die Aktivistin analysiert ebenso ausführlich die Winkelzüge der Lobbyisten und die Korruption der Konzerne, wie sie die Funktionsweise von Patenten erläutert. Und sie führt gerichtliche Prozesse gegen gentechnisch veränderte Organismen und die willkürliche Aneignung von Pflanzen und der Kenntnisse über sie, die sich Bauern, Ärzte und einfache Menschen durch viele Generationen der Nutzung erworben haben.

Die indische Aktivistin, die in diesem ungleichen Kampf an vorderster Front steht, ruft die Bauern zum »Ungehorsam im Kampf für das freie Saatgut« auf. Dem gewaltfreien Kampf, der von Gandhi in den 1930er-Jahren gegen das Salzmonopol geführt wurde, ist auch in unserer Zeit noch Erfolg beschieden. Shiva hat schon viele Siege mit dieser Waffe errungen und appelliert an alle Bauern der Welt, den Gehorsam zu verweigern. Eine Möglichkeit des Ungehorsams besteht darin, dass Bauern auf ihrem Land »Freiheitszonen für das Saatgut« schaffen, auf denen sie Saatgut ausbringen, das aus den offiziellen Saatgutkatalogen gestrichen wurde. Auf allen Kontinenten entstehen Saatgutbanken nach dem Vorbild des Navdanya-Netzwerks, in den USA wird Saatgut in großem Maßstab getauscht und es gibt viele weitere Initiativen, die diesem Vorbild folgen. Die überaus erfolgreiche Ausweitung des Kampfs zum Schutz des Saatguts hat zur Schaffung des Weltweiten Bündnisses für die Freiheit von Saatgut geführt, das von Vandana Shiva gegründet wurde. Dieses Netzwerk ermöglicht es, Ländern zu helfen, die von den Giganten der Agrochemie ins Visier genommen werden, wie es in Afrika geschieht, und die Propaganda der GVO-Lobby mit der Wahrheit zu konfrontieren. Nicht nur die Bauern, sondern alle Menschen können an dieser Bewegung teilnehmen, denn unser gesamter Alltag – von dem, was auf unseren Teller kommt, über die Pflanzen in unseren Gärten bis zu den Fasern unserer Kleider – hat letztlich mit der Biodiversität in der Landwirtschaft zu tun, auch wenn das von vielen Verbrauchern immer noch unterschätzt wird.

Der Ökofeminismus befreit auch die Männer

Doch immerhin scheint ein Teil der Menschheit über einen natürlichen Schutzinstinkt für das Saatgut des Lebens zu verfügen, gepaart mit einer Neigung zu Solidarität und Güte: die Frauen. Shiva erhielt für ihre zukunftsweisenden Forschungen über den Beitrag der Frauen zum Schutz von Umwelt und Gemeinwohl 1993 den Alternativen Nobelpreis. Ihre Kollegen aus der Wissenschaft neigen dazu, Frauen aus den niederen Kasten, die auf dem Land leben und oft nur über geringe formelle Bildung verfügen, als Menschen zweiter Klasse zu betrachten. Die Aktivistin hat in dieser Hinsicht im immer noch stark vom Machismo geprägten indischen Bürgertum eine kopernikanische Wende eingeleitet. Sie untersuchte, welche Aufgaben Männer und Frauen übernehmen, wie viele Stunden sie mit Feldarbeit zubringen und welchen Erfahrungsschatz sie besitzen. So kam die Forscherin in ihrer Studie *Staying Alive, Women Exology and Survival in India*[4] zu dem Schluss, dass Frauen, die oft einfach nur als Analphabetinnen abgetan werden, über wahres Expertenwissen verfügen. Sie weist auch nach, dass Frauen einen höheren Beitrag zum Gemeinschaftsleben und zum Schutz der Biodiversität leisten, und zeigt, dass sie eine tiefe Verbindung zur Erde haben. Die Frauen, die als Sammlerinnen durch den

Wald ziehen, die Holz holen und Wasser schleppen und sich historisch um die Vermehrung und Aufbewahrung des Saatguts kümmern – neben tausend anderen Dingen, die sie zusätzlich erledigen –, verkörpern geradezu das nachhaltige Leben, dessen Geist uns inspirieren sollte.

In einer späteren Arbeit wies Shiva gemeinsam mit der deutschen Soziologin Maria Mies nach, dass diese Verbindung zwischen den Frauen, der Natur und dem Gemeinwohl auch in den Ländern des Nordens besteht. Warum also nicht die Frauen – oder vielmehr das *shakti*, das »weibliche Prinzip« der Hindus – zur Grundlage aller Entscheidungen machen? Bietet sich hier nicht eine ganz neue Gelegenheit zur Emanzipation, einschließlich der Emanzipation der Männer? »Die Welt aus einem Blickwinkel zu betrachten, in dem die Frau nicht das schwache Geschlecht und die Natur nicht unveränderlich, passiv und nur zur Ausbeutung da ist, gehört zusammen«,[5] sagt die Inderin, die betont, dass jeder, unabhängig von seinem Geschlecht, Ökofeminismus praktizieren kann.

Den Frieden und die Demokratie zurückholen

Die Dominanz der Männer in Familie, Wirtschaft und Politik lässt ihnen freie Hand, ihren Neigungen zur Gewalt und zum Krieg nachzugeben. Dieses Gift – für das die Männer selbstverständlich nicht allein verantwortlich sind – hat längst unmerklich alle Bereiche des Gesellschafts- und Wirtschaftslebens kontaminiert: Land Grabbing, Zerstörung der Biodiversität durch chemische Produkte, Plünderung von Ressourcen und Kenntnissen, Sterilisierung von Saatgut und so fort. Shiva sieht hier einen wahren Krieg gegen die Natur. Sein Ausmaß und die von ihm entfesselte Gewalt dürfen nicht unterschätzt werden.

Wie kann man unter solchen Bedingungen Frieden und Demokratie wiederherstellen? Es gibt viele Möglichkeiten: Sich dem Konsumterror verweigern, das Wachstumsdogma in Frage stellen, Essen aus der Region bevorzugen, wieder eine Verbindung zur Erde suchen oder, allgemeiner, den Gebrauch seiner Hände neu erlernen, Saatgut auf die alte bäuerliche Weise vermehren, Widerstand gegen die großen Forschungslabors leisten, vielleicht sogar genveränderte Pflanzen ausreißen … Der zentrale Punkt dieses Engagements ist die Verweigerung gegenüber einem System, das zum Scheitern verurteilt ist. Jeder dieser Akte des Widerstands bringt uns dem notwendigen Paradigmenwechsel näher, durch den allein wir ein Leben in Frieden inmitten der reichen natürlichen Ressourcen unseres Planeten erreichen können.

Doch was kann man über individuelle Aktionen hinaus tun, damit die Gesellschaft als Ganzes mehr Nachhaltigkeit praktiziert? Shiva, die schon so oft unter Beweis gestellt hat, wie gut sie es versteht, Menschen für die großen ökologischen Fragen unserer Zeit zu mobilisieren, analysiert auch, wie man die Aufmerksamkeit für zentrale ökologische Fragen gewinnt. Sie ist skeptisch gegenüber Formen des Aktivismus, die sich zu stark auf NGOs und ihre schwerfälligen Strukturen stützen. Unsere größte Chance sieht sie in der Vernetzung einer Vielzahl autonom handelnder Menschen, die von dem Wunsch beseelt sind, ganz konkret im Alltag die angestrebten Veränderungen zu realisieren.

Den Worten müssen Taten folgen

Die Philosophie der Gewaltfreiheit prägt letztlich alle Themenfelder von Shiva: die Lebensmittelsouveränität, die Saatgutfreiheit, den Ökofeminismus, den Frieden, die Demokratie und die Mobilisierung der Menschen. Aber sie verkörpert sie auch in ihrer Person. Ihr Leben ist so sehr Einheit von Wort und Tat, dass ihr Reden und Handeln nicht getrennt betrachtet werden können. Dieses Buch versucht behutsam, dem Geheimnis dieser Frau auf die Spur zu kommen, der seit ihrer Kindheit ein großes, geradezu romanhaftes Schicksal beschieden schien.

Der heldenhafte Tod ihres Großvaters in einem Dorf am Rand von Neu-Delhi sagt viel über die Ursprünge, die Einstellungen und den starken, unbeugsamen Charakter dieser Frau aus und bestätigt das Prinzip der vedischen Philosophie, dass der Charakter des Einzelnen untrennbar mit dem seiner Vorfahren verbunden ist. Im Jahr 1956 starb Vandanas Großvater Mukhtiar Sing an den Folgen eines Hungerstreiks, bei dem es um die Gründung einer Mädchenschule ging. Das Projekt war damals, als die herrschende Kaste den Frauen noch das Recht auf Bildung verwehrte, so avantgardistisch, dass es von seinen Zeitgenossen als geradezu aberwitzig empfunden wurde. Mukhtiar Sing gewann zwar letztlich den Kampf, doch als der Brief mit der Zustimmung der Behörden für die kleine Mädchenschule in Duhai endlich per Postfahrrad eintraf, war er schon so geschwächt, dass ihm nicht mehr zu helfen war. Er zahlte mit seinem Leben für die Gründung einer wegweisenden Schule, die heute von nicht weniger als 3000 Schülerinnen besucht wird.

Das kleine vierjährige Mädchen, das damals den Tod seines Großvaters beweinte, ist inzwischen weltweit zur Symbolfigur des Ökofeminismus geworden und Feind Nummer eins der Agrarkonzerne. Indische Bäuerinnen, die Waffengewalt trotzten und bereit waren, für ihre Wälder, die ihnen Nahrung spendeten, zu sterben, führten sie Anfang der 1980er-Jahre in den Kampf für die

Umwelt ein. Bald engagierte sie sich gegen den Bau von Talsperren, die Bergwerksmafia und Großunternehmen.

Bis dann der Tag im März 1987 in dem kleinen Dorf Bogève kam …

KAPITEL 1

Die Macht über unsere Nahrung

Meine Mutter Jagbir Kaur hat den größten Teil unserer Lebensmittel selbst produziert. Rund um unser Haus wuchsen Tomaten, Karotten, Bohnen, Erbsen und Linsen, auch Obstbäume gab es. Wir hatten auch ein paar Kühe, die uns Milch und den nötigen Dünger lieferten. Die ganze Familie war eingebunden, und mein Bruder, meine Schwester und ich haben regelmäßig und gerne geholfen. Diese Verbindung zur Erde hat in unserer Erziehung eine große Rolle gespielt. So lebten damals viele Menschen in Indien, doch für meine Mutter, eine Schulinspektorin, war es schon eher ungewöhnlich.

Heutzutage ist eine solche (Teil-)Selbstversorgung viel seltener geworden. Dabei liefert sie einen wesentlichen Beitrag zum ökologischen Übergang und zur wirtschaftlichen Sicherheit der Bürger und fördert die Gesundheit. Es leuchtet sicher ein, dass lokal produzierte und auf kurzen Wegen herangeschaffte, im Idealfall selbst erzeugte Nahrung die Benutzung von Verkehrsmitteln und damit den Ausstoß von Treibhausgasen verringert. Selbstversorgung heißt zudem, sich von den Großhändlern und Supermarktketten zu befreien und zu einer gewissen »Resilienz« zurückzukehren, also sich besser auf die wirtschaftlichen, sozialen und klimatischen Unwägbarkeiten vorzubereiten, die in absehbarer Zeit auf uns zukommen. Wer sein Gemüsegärtchen hat, kann sich zu einem konstanten Preis ernähren, auch wenn Obst und Gemüse in den Supermärkten immer teurer wird. Die wachsende Zahl der Zwischenhändler vom Acker bis zum Teller ist für die Konsumenten kostspielig und die stetige Ausweitung von Lieferketten schadet auch der Qualität der Lebensmittel: Nichts ist so gut wie das, was man für seine Nachbarn, seine Familie und für sich selbst produziert, und nichts so frisch wie das, was direkt vom Beet auf den Teller wandert.

Die Herausforderungen, vor denen die Wirtschaft, die Gesellschaft und die Umwelt heute stehen, laufen sämtlich darauf hinaus, dass wir wieder ein Maximum an Autonomie anstreben müssen, und zwar auf allen Ebenen, egal ob in der Stadt, dem Dorf, der Gemeinschaft oder der Familie. So kann es gelingen, dass wir uns wieder zurückholen, worum es bei der Nahrungsmittelproduktion eigentlich geht.

Zwischen Überfluss und Mangel: Der Verlust der Ernährungssouveränität

Nahrungsmittelsouveränität ist das Recht der Völker, über ihre eigenen Methoden der Landwirtschaft und ihre Nahrungsmittelsysteme zu bestimmen. Dazu gehört, dass so viele Menschen wie möglich Zugang zu gesunder und ihrer Kultur entsprechender Nahrung haben, die mit Respekt für die Umwelt und die Gesellschaft erzeugt wird. Zur Ernährungssouveränität gehört unbedingt die Erhaltung der Landwirtschaftsstruktur, die vor allem auf die regionalen und nationalen Märkte ausgerichtet ist.

Einer der Hauptgründe für den momentanen Verlust der Ernährungssouveränität besteht darin, dass die Bauern nicht mehr selbst über ihr Saatgut bestimmen können.

Wenn die eigene Saatgutproduktion verboten oder unmöglich gemacht wird, wie dies im Fall von Hybridzüchtungen und genveränderten Pflanzen der Fall ist, dann können die Bauern nicht mehr selbst bestimmen, was sie anbauen, und verlieren ihre Unabhängigkeit. Auch der Übergang zu Methoden der Intensivlandwirtschaft und zu Monokulturen führt zum Verlust der Ernährungssouveränität, wenn nicht gar zum Verlust der Ernährungssicherheit. Wenn man all die vielfältigen Bedürfnisse der Bevölkerung befriedigen will, braucht man auch eine vielfältige Landwirtschaft. Nur so kann man Ergänzung und Ausgleich schaffen: Wenn man mit einer Getreidesorte oder einem Gemüse keine gute Ernte erzielt, beispielsweise aufgrund einer Dürreperiode, dann gibt es sicher ein Anbauprodukt, das unter diesen Umständen besser gedeiht und die Resilienz des Bodens, der Region und der Bauern sichert. Monokulturen haben sehr viel zum Verlust der Ernährungssouveränität in Indien beigetragen – das betrifft nicht nur das Land als Ganzes, sondern auch und ganz besonders die einzelnen Familien.

Die Einführung der gentechnisch veränderten Baumwolle in Indien hat zahlreiche Bauern dazu veranlasst, ihre bisherige Mischwirtschaft aufzugeben, da Baumwolle bei den heutigen Preisen nun einmal Intensivmethoden und Monokultur erfordert. Früher produzierten die Bauern neben Baumwolle immer auch Nahrungsmittel. Heute spezialisieren sie sich ganz auf transgene Baumwolle. So verschulden sie sich nicht nur, um das (einst kostenlose) Saatgut zu kaufen, sondern müssen sich auch noch Geld leihen, um Lebensmittel zu besorgen.

Der Verlust an Ernährungssouveränität offenbart sich auch darin, dass es in einer Region nicht selten für ein und dasselbe landwirtschaftliche Produkt sowohl ein

Überangebot als auch Mangel gibt. Ein Beispiel: PepsiCo verarbeitet in Indien große Mengen Kartoffeln zu Chips, die in Tüten verkauft werden. Das Unternehmen lässt die Bauern also wissen, dass es viele Kartoffeln braucht. Von dieser Aussicht verlockt, pflanzen sie statt ihren bisherigen Nahrungsmittelpflanzen spezielle PepsiCo-Kartoffeln an. Die dazu nötigen besonderen Saatkartoffeln müssen sie zuvor von PepsiCo kaufen. Auf diese Weise verdrängt das Unternehmen die lokalen Sorten, die es dann nach einiger Zeit gar nicht mehr gibt. Bengalen ist beispielsweise die Hauptregion für den Kartoffelanbau in Indien geworden. Doch wenn man dort auf den Markt geht, findet man keine Kartoffeln mehr.

Wenn die Industrie sich auf Massenproduktion verlegt, dann heißt das, dass sie sich im großen Maßstab mit Rohstoffen eindeckt, was dazu führt, dass die jeweilige Nahrung aus den Vorratsspeichern und aus dem Angebot der lokalen Märkte verschwindet. Kurz gesagt, wenn Tonnen über Tonnen von Kartoffeln angebaut werden, die der Produktion von Kartoffelchips vorbehalten sind, dann können die Menschen, die einfach nur Kartoffeln kochen wollen, keine mehr kaufen! Das System ist so pervers, dass PepsiCo die einzelnen Bauern gar nicht mehr aktiv für sein System gewinnen muss, sie passen von sich aus ihre Produktionsweise den Bedürfnissen des Unternehmens an. Am Ende kauft die Industrie dann unter Umständen nur zehn Prozent dieser Chips-Kartoffeln auf. Da sie besonders groß und im Innern hohl sind, verrottet der Rest sehr schnell. Dasselbe passiert, wenn eine große Kette wie Walmart große Mengen von diesem oder jenem Produkt einkauft. Anfangs kauft sie nur bei zwei Prozent der Bauern ein, aber schließlich stellen alle ihre Produktion um. Das Ganze erzeugt unglaubliche Mengen an Abfällen und eine gewaltige Lebensmittelverschwendung. Diese Industriepolitik schadet direkt der lokalen Pflanzenvielfalt. Vieles wird einfach nicht mehr angebaut, die Subsistenzwirtschaft wird vernichtet und mit ihr wird ein ganzer, über kurze Wege funktionierender Wirtschaftskreislauf zunichte gemacht.

Wenn die indischen Bauern ihre Ernährungssouveränität wiedererlangen wollen, müssen sie unbedingt wieder Ölpflanzen, Getreide, Gemüse und Obstbäume anpflanzen, aber auch Agroforstwirtschaft betreiben und ihr Saatgut selbst erzeugen. Wenn ein Bauer ausschließlich Reis oder Baumwolle oder nur noch Kartoffeln anpflanzt, dann fehlen die Produkte, die er nicht mehr anbaut, und Mangel macht sich breit.

Hunger und soziale Ungleichheit

Die Welt war noch nie so reich und fortgeschritten, aber zur selben Zeit schlägt der Hunger alle Rekorde. Weltweit leiden 925 Millionen Menschen unter chronischem Hunger, jeden Tag sterben 24.000 Menschen den Hungertod.[1] In Indien ist dieser Widerspruch besonders krass. Der Subkontinent verzeichnete erst kürzlich ein historisch sensationelles Wirtschaftswachstum von neun Prozent, während gleichzeitig nach Angaben von UNICEF insbesondere Frauen und Kinder hungern: Eine von drei Inderinnen ist unterernährt, 42 Prozent der indischen Kinder leiden unter Mangelernährung.[2] Diese Zahlen widersprechen dem weit verbreiteten Bild, dass Indien ein Erfolgsbeispiel der Globalisierung ist. Der Gipfel der Absurdität ist, dass sich die Geißel des Hungers heute verbreitet, während unsere Landwirtschaft mehr denn je produziert: Die Nahrung wird von der Industrie umgelenkt und erreicht nicht mehr die Mägen. In dieser Hinsicht ist die Situation in Indien inzwischen schlimmer als in Afrika. Die indische Ernährungssouveränität ist im wahrsten Sinne dem Profit von Walmart, Cargill, Monsanto und Coca-Cola geopfert worden.

Verlust bis in die Küche

Am Ende schlagen diese negativen Entwicklungen bis ins Herz unserer Kultur durch und offenbaren sich in dem, was überhaupt noch auf den Teller kommt: Überall auf der Welt ist ein Verlust an kulinarischen Traditionen zu beobachten. Mit ihrem rasanten Verschwinden wird auch die Ernährungssouveränität als Kultur zerstört. Diese heimtückische Entwicklung, die ganz im Stillen in den Küchen vor sich geht, beunruhigt mich sehr. Sie führt am Ende zum Verlust der individuellen Autonomie.

Dass auf diese Weise nicht nur die Bauern ihre Souveränität verlieren, sondern auch die Stadtbewohner, zeigt sich besonders deutlich in Ländern des Südens. In Mexiko beispielsweise sieht man immer seltener Straßenverkäufer, die Tortillas anbieten, weil der geeignete hochwertige Mais für deren Zubereitung rar geworden ist. Die meisten Mexikaner haben heute keine andere Wahl, als sich von minderwertigen Lebensmitteln zu ernähren, die ihnen die internationalen Konzerne liefern. Viele bereiten ihre Tortillas mit amerikanischem Mais zu, der eigentlich als Viehfutter angepflanzt wurde. Der Freihandel und das Preisdumping haben in diesem Land die Maiswirtschaft ruiniert, der Maisanbau für Biokraftstoffe und die Rohstoffspekulation haben anschließend die Preise in schwindelerregende Höhen getrieben.

Auch der afrikanische Kontinent kann sich nicht selbstständig ernähren. Chronischer Hunger und Mangelernährung sind weit verbreitet, woran vor allem die hohen Subventionen für die Landwirtschaft in den Ländern des Nordens schuld sind. Die Vereinigten Staaten und insbesondere die EU unterstützen ihre Landwirtschaft im großen Stil, was die Exportpreise enorm senkt. Das zwingt die Länder des Südens, ihre Preise nach unten anzupassen, sodass aufgrund geringer Gewinnmargen keine vernünftigen Einnahmen mehr erzielt werden können. In manchen Regionen Afrikas versucht man, das Problem durch Intensivierung der Landwirtschaft auf Kosten der Lebensmittelproduktion zu lösen. Auch dort, zum Beispiel in den Städten am Horn von Afrika, kommt es zu dem Phänomen, dass auf den Märkten bestimmte Grundnahrungsmittel Mangelware sind, obwohl sie in Massen produziert werden, aber eben nur für den Export.

Auch in Indien haben die Städter Schwierigkeiten, bestimmte Zutaten zu bekommen, wenn sie sich etwas kochen wollen. Nehmen wir zum Beispiel Senföl. Es ist ein Grundbestandteil unserer kulinarischen Tradition: Im Norden Indiens bäckt man darin Pakoras aus, in Bengalen frittiert man damit Fisch. Der Senf, dessen Domestizierung in Indien erfolgte, ist auch ein Hausmittel gegen Rheuma und dient als Abwehrmittel gegen Mücken. Das Öl, ein Grundnahrungsmittel, wird oft direkt vor den Augen der Kunden gepresst, die es bei kleinen lokalen Händlern kaufen. Sie werden mir zustimmen, dass es keine bessere Garantie für die Sauberkeit der Produktionsbedingungen geben kann, als dass der Kunde der Pressung direkt beiwohnt. Aber die Industrie hat dafür gesorgt, diese Direktvermarktung zu unterbinden und sich den Markt unter den Nagel zu reißen.

Dazu hat sie Hygieneprobleme aufgebauscht, um schließlich die Kleinproduktion verbieten zu lassen. Im Jahr 1998 ist es durch Verunreinigung von Senföl mit Mohnsamen und Mineralöl zu schweren Vergiftungen gekommen. Wie sich später herausstellte, steckten absichtliche Manipulationen dahinter. Doch die Behörden verboten umgehend die lokale Produktion dieses Nahrungsmittels, das ein fester Bestandteil unserer Ernährungstradition ist. Die Frauen im Norden Indiens konnten kein Senföl aus regionalem Anbau mehr bekommen, und was die Industrie ihnen verkaufen wollte, war für sie zu teuer. Im Rückblick betrachtet wird klar, dass in diesem Jahr die Soja-Lobby eine großangelegte Kommerzialisierungsoffensive führte. Die Bauern in den Erzeugerländern erhielten beträchtliche Subventionen, um künstlich die Preise zu senken. Und die Industrie wollte Indien dazu bringen, Speiseöl aus importiertem Soja zu verwenden.

Als das Verbot des Senföls erlassen wurde, wandte sich eine Gruppe armer Frauen aus den Slums von Neu-Delhi an mich. »Wir können unser Senföl nicht mehr bekommen«, sagten sie mir. »Unsere Kinder wollen nicht mehr essen, was wir für sie zubereiten, sie weinen und gehen hungrig zu Bett. Unternehmt etwas!« Wir haben uns mit ihnen zusammengesetzt und uns nach gründlichen Recherchen überlegt, was man tun kann. Die Frauen haben eine Bewegung des »Widerstands gegen das Verbot des Senföls« gegründet und sich öffentlich zur Wehr gesetzt. Sie haben sich nicht davon abbringen lassen, es selbst herzustellen, die lokalen Produzenten unterstützt und das Öl wieder für die Zubereitung ihrer Speisen verwendet. Am Ende haben wir den Kampf gewonnen: Wenn man heute in Indien wieder überall regional produziertes Senföl bekommt, dann nur, weil wir es uns nicht verbieten ließen. In Bangladesch, wo niemand dafür gekämpft hat, existiert dieser kurze Produktionsweg nicht mehr.

Ernährungssouveränität im Globalen Norden

Doch auch die Länder des Nordens sind vor dem Verlust der Kontrolle über ihre Nahrung nicht geschützt. Eine erste noch eher unscheinbare, aber entscheidende Stufe des Verlusts der Ernährungssouveränität in Europa und den Vereinigten Staaten besteht darin, dass die Bürger gar nicht mehr so genau wissen, was in ihrer Nahrung enthalten ist. Darum geht es beispielsweise im Kampf um die Kennzeichnungspflicht von GVO in Kalifornien und in Washington. Die amerikanische Industrie beruft sich darauf, dass eine solche Kennzeichnungspflicht für Lebensmittel die Vorschriften der Welthandelsorganisation (WTO) verletzen würde. In Wirklichkeit will sie damit Transparenz vermeiden. Dass Informationen verweigert werden, offenbart eine autoritäre Einstellung und ist Teil eines Maßnahmenkatalogs, mit dem die Industrie der Bevölkerung gentechnisch veränderte Organismen aufzwingen will. Hierzu muss man sagen, dass der Codex Alimentarius (ein Gemeinschaftsprogramm der FAO und der WHO[3] zur Entwicklung von Standards im Lebensmittelbereich) durchaus den Ländern das Recht zuspricht, unabhängig von den WTO-Bestimmungen eine Kennzeichnungspflicht für GVO-Lebensmittel einzuführen. Die WTO kann die Information der Konsumenten also nicht verhindern, denn nationale Maßnahmen auf der Grundlage der Direktiven des Codex stellen rechtlich gesehen keine Behinderung des freien Wettbewerbs dar. Trotzdem muss dem Recht auf Information in vielen Ländern erst noch Geltung verschafft werden. Hier haben wir noch einen weiten Weg vor uns.

Das Verschwinden der Esskultur zugunsten von Fertignahrung und Schnellrestaurants führt ebenfalls zu einem schädlichen Informationsverlust. Unkenntnis begünstigt den Konsum von Lebensmitteln, die süchtig machen, die zu fett-

und zu zuckerhaltig sind und letztlich zu wenige Nährstoffe enthalten. Der Schaden ist beträchtlich: Mittlerweile sind 2 Milliarden Menschen von Gesundheitsproblemen (Übergewicht, Diabetes, Herz-Kreislauf-Erkrankungen …) betroffen, die auf schlechte Ernährung zurückzuführen sind.[4]

Die zweite Stufe des Kontrollverlusts beginnt, wenn die Bürger merken, dass das, was sie eigentlich essen wollen, kaum noch zu bekommen ist und sie gezwungen sind, Lebensmittel zu konsumieren, die sie eigentlich gar nicht essen wollen. Ich wiederhole, in dieser Krise gehen schleichende Hungersnot und Überfluss Hand in Hand. Die Strategie der Industrie besteht darin, mit allen Mitteln die kleinen Bauernhöfe in Rohstoffproduzenten für ihren Bedarf umzuwandeln, und zwar im Norden wie im Süden gleichermaßen. Das hat zunehmend einen echten Mangel zur Folge. Die Produkte aus der näheren Umgebung, die nur einen kurzen Transportweg haben und durch den weitgehenden Wegfall des Zwischenhandels günstiger sind, werden von teuren und überflüssigen industriell hergestellten Lebensmitteln verdrängt. Das vernichtet lokale Arbeitsplätze und bereichert die Aktionäre der großen Konzerne.

Die teure industrielle Nahrung vergrößert auch die Zahl der Menschen, die auf öffentliche Nahrungsbeihilfen angewiesen sind. Das zeigt sich sehr deutlich in den USA, wo die Zahl der Menschen, die Lebensmittel-Hilfsprogramme in Anspruch nehmen, innerhalb von fünf Jahren um 75 Prozent zugenommen hat.[5] Dieser drastische Anstieg ergibt sich insbesondere aus der Tatsache, dass auch immer mehr Menschen aus der Mittelschicht auf solche Hilfen angewiesen sind. Obwohl sie gut gekleidet sind und manchmal sogar ein eigenes Haus haben, reicht vielen ihr Geld nicht, um sich vernünftig zu ernähren.

Das nächste Stadium dieses Verlusts der Ernährungssouveränität zeigt sich in plötzlichen Unterbrechungen der Lieferketten. Das heutige Lebensmittelsystem beruht auf einer ausgeklügelten Logistik, die dem Prinzip »just in time« folgt: Vorratshaltung und Reserven werden aus Kostengründen minimiert. Diese Kette kann beim erstbesten Streik, beim geringsten Rohstoff- oder Treibstoffmangel, bei jeder beliebigen Krise reißen. Nicht auszuschließen, dass es dann zu einer regelrechten Panik kommt. Die Lebensmittelversorgung Großbritanniens ist beispielsweise weitgehend von Importen abhängig: Wenn schlechtes Wetter oder ein Streik die Schiffe und Lastwagen lahmlegen, bricht die Versorgung der Insel binnen drei Tagen zusammen. Innerhalb von 72 Stunden könnte das Land in eine Nahrungsmittelkrise stürzen. Schon als im Jahr 2000 die Lastwagenfahrer die britischen Raffinerien blockierten, hat der Vorstandsvorsitzende der Supermarktkette Sainsbury's bei Premierminister Tony Blair Alarm geschlagen. Er warnte, dass angesichts der Blockade die Lebensmittel innerhalb weniger Tage knapp werden könnten.[6]

Die beschriebenen Stadien bilden Prozesse, die oft mit rasanter Geschwindigkeit ablaufen. Wenn ich alle vorhandenen Daten zusammennehme, komme ich zu dem Schluss, dass es in fünf bis zehn Jahren so weit ist, dass wir unsere Nahrung endgültig nicht mehr selbst im Griff haben. Wenn wir einfach so weitermachen wie bisher und nicht die nötigen Maßnahmen ergreifen, ist mit vielen unerwarteten und nicht beherrschbaren Krisen zu rechnen, auch für die Regierungen und Unternehmen. Hinzu kommt, dass die Bürger ohne Vorbereitung die Fähigkeit und die Möglichkeit verlieren, auf diese extremen Situationen zu reagieren. Wenn man eine Krise erwartet, dann arbeitet man positive Projekte und Alternativen aus und findet schließlich ein neues Lebensmodell. Aber wenn man unvorbereitet in eine Krise hineinschlittert, dann bricht am Ende Panik aus, womöglich kommt es zu gewaltsamen Auseinandersetzungen um Lebensmittel.

In vielen reichen Ländern machen sich einzelne Gruppen bereits Sorgen um ihre Ernährungssouveränität. In Großbritannien gibt es etwa Bewegungen wie Incredible Edible (»Die essbare Stadt«) und Transition Town, die direkt auf diese Gefahr reagieren. Diese Initiativen gehen von zwei Erkenntnissen aus: Die erste ist, dass unsere gesamte Nahrung vom Erdöl abhängt, die zweite, dass der Klimawandel durch diese Petro-Ökonomie verursacht wird. Rob Hopkins, der Menschen in Permakultur ausbildete, hat dies zum Anlass genommen, ein neues Modell zu entwickeln, das seit 2006 in Totnes experimentell umgesetzt wird: die Transition Town. Ziel ist es, unter Ausnutzung der lokalen Ressourcen alles in Bewegung zu setzen, um sich möglichst schnell auf die Zeit nach dem Erdöl vorzubereiten. Dieser Übergang von der Abhängigkeit zur Resilienz erfordert den Neuaufbau einer soliden lokalen Wirtschaft. Die bevorzugten Mittel hierfür sind kurze Kreisläufe und Nahversorgung, umweltschonender Transport und erneuerbare Energien. Der Verbrauch fossiler Energien muss durch die Kooperation aller Einwohner so weit wie möglich reduziert werden. Diese Bewegung erfährt große Resonanz: Mehr als zwanzig Länder und hunderte Städte haben sich bereits dieser Initiative des Wandels angeschlossen. Sie reagiert auf ein konkretes Problem, das auch ins Bewusstsein der Bürger rückt: Unsere Wirtschaft ist entgegen allem Anschein keineswegs stabil, da sie zum großen Teil auf Fernversorgung beruht, die immer mit unwägbaren Risiken verbunden ist.

Viele Bürger sind heute bereit, sich angesichts eines Versorgungsnotstands oder einer großen Krise zu mobilisieren. Nach dem Börsenkrach an der Wall Street im Jahr 2008 wurden in den Vereinigten Staaten auf einmal Gemüsegärten sehr populär. Die Krise hat den Menschen gezeigt, wie verwundbar unsere bisherige Wirtschaft ist. Die Bürger verstehen die Bedeutung von Resilienz und dass man bei der Ernährung besser auf Nahversorgung und, wo es geht, auch auf Selbstversorgung setzt. Man kann also sagen, dass gerade in den Ländern des Nordens die Menschen in der Frage der Ernährungssouveränität aufgewacht sind.

Kleine Höfe leisten mehr

Die Konferenz der Vereinten Nationen für Handel und Entwicklung (UNCTAD) hat 2013 Alarm geschlagen: Sie sieht eine Krise heraufziehen, der einzelne Staaten nichts mehr entgegenzusetzen haben, wenn sie nicht umgehend aktiv werden, um die kleinen bäuerlichen Betriebe wirklich zu schützen.[7] Es kann ja nicht die Aufgabe von Regierungen sein, den Konzernen unseren Planeten zur freien Verfügung zu überlassen, vielmehr sollten sie für einen achtsamen Umgang mit unserem Saatgut, den Böden, dem Wasser und so weiter sorgen. Es muss sichergestellt werden, dass Lebensmittel unter verantwortungsvollen Bedingungen für Umwelt und Gesellschaft produziert werden. Die Regierungen sollten verpflichtet werden, die Bauern, unsere Ernährer, zu verteidigen und ihnen Vorrang einzuräumen. Die Entscheider sollten endlich aufhören, Spekulanten als Schöpfer von Wirtschaftswachstum darzustellen. Im jetzigen System sind die Bauern die großen Verlierer, aber wenn die Krise zuschlägt, werden sie die ersten sein, von denen wir Lösungen verlangen. Die Bauern sollten einen gerechten Lohn für ihre Arbeit erhalten, nicht so ein unsicheres Leben führen müssen und von den Regierungen auch Anerkennung für ihre wichtige Rolle erhalten.

Zudem muss die Regierung die Unternehmen stärker kontrollieren. Es gibt zwei Arten von Unternehmen: Auf der einen Seite die, die sich um den Schutz der Umwelt und der Gesellschaft bemühen, und auf der anderen Seite jene, die Raubbau treiben, die den Planeten ausplündern und die Menschen ausbeuten. Diese Unterscheidung orientiert sich an drei Kriterien: Erstens, wie gehen sie mit der Umwelt um? Geben sie der Erde zurück, was sie genommen haben? Zweitens, wie behandeln sie die Menschen, die tatsächlich die von ihnen angebotenen Güter erzeugen? Es ist ja so, dass Großunternehmen häufig selbst gar nichts produzieren: Sie kaufen und verkaufen. Da stellt sich die Frage, wie sie mit den eigentlichen Produzenten umgehen. Und schließlich muss man sich anschauen, wie sie sich den Konsumenten gegenüber verhalten. Verkaufen sie ihnen schlechte Produkte, legen sie alle Inhaltsstoffe offen? GVO-Produkte ohne Kennzeichnung anzubieten ist in meinen Augen beispielsweise nicht akzeptabel. Die Verweigerung des Rechts auf Information ist in einer Demokratie einfach kriminell.

Diese Zweiteilung sollte in Zukunft das Unterscheidungsmerkmal sein, aufgrund dessen wir sicherstellen können, dass nur verantwortungsvolle, engagierte und ethisch handelnde Unternehmen erfolgreich sind. Unternehmen, die sich wie Kriminelle aufführen, müssen auch als solche behandelt werden. Gesetze gibt es zur Genüge, sie müssen nur angewandt werden!

Die Unternehmen des Lebensmittelsektors tragen besonders große Verantwortung, da ihre Entscheidungen weitreichende Konsequenzen haben. Durch ihre Einkaufspolitik erzwingen sie meist Intensivlandwirtschaft unter Einsatz von Chemikalien. Sie sind verantwortlich für die massive Verwendung von Dünger und Pestiziden und den enormen Wasserverbrauch der industriellen Landwirtschaft, der weltweit für 70 Prozent der Wasserentnahmen aus Flüssen, Seen und dem Grundwasser verantwortlich ist.[8] Ihre Methoden laugen die Böden aus und mindern ihren Ertrag im Laufe einer einzigen Generation.

Ein erster Schritt, um die Gefährdung des Gemeinwohls und der Umwelt durch Konzerne einzudämmen, wäre ein radikaler »Überflüssigkeitstest«. Denn für die Befriedigung vieler Bedürfnisse brauchen wir gar keine Konzerne. Wer fließendes Wasser hat, kann seinen Durst ohne die Limonaden der globalen Getränkehersteller stillen, zumal wenn diese in Ländern, in denen Wassermangel herrscht, das Grundwasser erschöpfen. Wir müssen die Firmen also nach ihrem Nutzen betrachten. Stellen sie etwas her, was die Gesellschaft eigentlich längst hat oder selbst herstellt? Brauchen wir eigentlich Coca-Cola oder Pepsi? Die Getränke, die wir in Indien zu Hause herstellen, sind viel gesünder. Hier vor Ort haben wir erst vor kurzem eine Initiative gestartet, um ökologische, lokal hergestellte Getränke zu fördern. Bei uns verkaufen die Straßenhändler noch an jeder Straßenecke selbstgemachte Limonade und zu Hause macht sich jeder schon seit ewigen Zeiten seine Getränke selbst.

Bei der nötigen Transformation der Wirtschaft ist Größe ein entscheidender Faktor. In der Natur ist jeder lebendige Organismus autonom. Das fängt schon auf der untersten Ebene an: Die Zellen sind autonom, in größeren Organismen kooperieren sie mehr und mehr und auf jeder Stufe bringt die Evolution neue Eigenschaften hervor. Wenn mehrere Zellen zusammenkommen, entsteht eine Pflanze, und auch die Pflanzen arbeiten zusammen, um sich zu entwickeln, gegenseitig zu schützen und sich zu helfen. Nach diesem Modell sollte auch das Wirtschaftssystem wie ein lebendiger Organismus betrachtet werden, der sich über die Zusammenarbeit kleiner Zellen organisiert. Navdanya, unser Bauernhof, funktioniert nach diesem Prinzip: Es handelt sich um eine selbstorganisierte Gruppe von Menschen, die nach außen wirkt. Die Lebensmittelerzeugung muss Selbstverwaltung ermöglichen. Die Größe eines Unternehmens darf die Menschen, die es ausmachen, nicht daran hindern, ihre wichtigste Eigenschaft auszuleben: die Achtsamkeit füreinander und für die Natur. Das ist der Grund, warum die kleinen Bauernhöfe mehr produzieren als landwirtschaftliche Großbetriebe, obwohl in den letzten Jahrzehnten gewaltige Summen in die Agrarforschung geflossen sind, die ausschließlich den Methoden des Intensivanbaus zugutekamen.

Trotz dieser Benachteiligung produzieren die bäuerlichen Kleinbetriebe weltweit nach wie vor 70 Prozent aller Lebensmittel.[9] Die Leistungsfähigkeit der kleinen Bauernhöfe beruht darauf, dass sie ein menschliches Maß wahren. In einem Betrieb von bescheidenem Ausmaß können die Menschen für ihr kleines Stück Land wirklich Sorge tragen und kennen jedes ihrer fünfzig Schafe. Sobald man eine bestimmte Größe überschreitet, braucht man ein »Management« und überall Maschinen, das ist weder für die Umwelt noch die beteiligten Menschen gut. Die Großbetriebe können gar nicht anders, als Menschen durch Herbizide und Tiere durch Maschinen zu ersetzen, kurz, eine Fabrik, eine Industrie zu errichten. Als Nächstes entledigt man sich der Kleinbauern, deren Land, ehe man es sich versieht, vom Kapital aufgekauft wird. Und all die Mühe, die sie in den Boden und ihre Mitmenschen gesteckt haben, ist verloren. Landwirtschaftliche Großproduktion hat zwangsläufig Monokultur zur Folge und geht zu Lasten des Geschmacks und des Nährstoffgehalts der Lebensmittel.

Dabei wissen wir, dass es den Kleinbauern in nur zehn Jahren gelingen kann, die Nahrungsmittelproduktion mittels Agrarökologie zu verdoppeln:[10] Durch Einsatz von Methoden, die auf Chemikalien verzichten und die die Wasserressourcen schonen, die Biodiversität der Böden erhalten und wirksam gegen die Klimaerwärmung vorgehen. Das sehen wir in Indien: Unsere Organisation, Navdanya, betreibt ihre eigene Forschung, für die sie auf ein Netz von über das ganze Land verteilten Bauernhöfen zurückgreift. Seit dem Jahr 2011 haben wir 200 uns angeschlossene Biobauernhöfe mit Großbetrieben in deren Nachbarschaft verglichen, die Intensivlandwirtschaft betreiben. Im Schnitt ist die Produktivität der kleinen Bauernhöfe zwei- bis dreimal höher.[11] Sie nutzen umweltschonendere Verfahren, die eine Alternative zum Kauf von Dünger, Pestiziden und Herbiziden darstellen. Dadurch erzielen sie große Einsparungen, was sich in höheren Einkommen niederschlägt. Das deckt sich mit den Ergebnissen der FAO, der Ernährungs- und Landwirtschaftsorganisation der Vereinten Nationen. Sie zeigen, dass es zu einer Steigerung der Erträge um 79 Prozent führt, wenn man die Bauern in ökologischer, in menschlichem Maßstab betriebener Landwirtschaft ausbildet.[12] Die UNCTAD, die Konferenz der Vereinten Nationen für Handel und Entwicklung und das Umweltprogramm der Vereinten Nationen UNEP bestätigen auch in einer Studie über Ostafrika, dass eine Schulung von Bauern in biologischer Landwirtschaft die Produktivität kleiner Bauernhöfe verdoppelt.[13] Navdanya hat zudem den pro Hektar erzielten Nährwert berechnet, den die ökologischen Betriebe erzielen. Die Resultate belegen, dass wir das Doppelte der jetzigen indischen Bevölkerung ernähren könnten, wenn alle Bauern ökologische Methoden anwendeten.[14] Alle Daten laufen auf ein und dasselbe hinaus: Sie belegen, dass bäuerliche Betriebe ab einer bestimmten Größe an Produktivität verlieren.

Hinzu kommt, dass auf kleinen Bauernhöfen, die extensive Landwirtschaft betreiben, weit weniger Arbeitsunfälle vorkommen, die ein großes Problem der konventionellen Landwirtschaft sind, wie die Internationale Arbeitsorganisation IAO bestätigt. Das ist auch kein Wunder: Laut der IAO sind Maschinen wie Traktoren und Erntemaschinen die Hauptursachen für Verletzungen und Todesfälle unter Landarbeitern und selbstständigen Bauern. Auch die Risiken des Umgangs mit Pestiziden und anderen Produkten der Agrochemie, die Krankheiten verursachen und manchmal auch direkt Menschen töten, sind in der biologischen Landwirtschaft deutlich geringer.[15]

Olivier de Schutter, bis 2014 UN-Sonderberichterstatter für das Recht auf Nahrung, weist zudem darauf hin, dass Bauern, die keine Grüne Revolution mitgemacht haben, etwa in Afrika, auf diese Umstellung auf Intensivlandwirtschaft auch ohne Weiteres verzichten können. In Afrika produzieren die kleinen ökologischen Bauernhöfe doppelt so viel wie die anderen. Die offiziellen Stellen sind einhellig in ihrem Urteil über die Schädlichkeit und Nutzlosigkeit der Grünen Revolution. Das ist auch ganz offensichtlich, wenn man betrachtet, wie die kleinen Öko-Bauernhöfe und die ökologischen Agroforstbetriebe in warmen Ländern auch Trockenzeiten überstehen, bei denen die Großbetriebe mit ihren Monokulturen eingehen.

Wir brauchen aktivere Konsumenten

Doch nicht nur Landwirtschaft und Industrie können eine Wende einleiten. Alle Menschen haben es in der Hand, den Lauf der Welt zu ändern. Die Bürger müssen dafür sorgen, dass ihre regionalen Lebensmittelproduzenten überleben. Dazu müssen sie sich besser über das informieren, was sie essen, wieder eine Verbindung zu den Bauern aufnehmen, die sie ernähren, und sich von falschen Vorstellungen befreien, etwa der, dass sie sparen können, wenn sie Lebensmittel im Supermarkt einkaufen. Die enthalten nämlich in Wahrheit hohe versteckte Kosten, die sie über ihre Steuern bezahlen und für die letztlich noch ihre Kinder geradestehen müssen. Wenn die öffentliche Hand zum Beispiel kostspielige Infrastruktur finanzieren muss, um durch Pestizide verschmutztes Wasser zu reinigen, dann sind es letztlich die Bürger, die über ihre Steuern den wahren Preis für die Lebensmittel bezahlen, die sie für so billig hielten. Die Menschen müssen einfach begreifen, dass sie über die Werbung mit ihrem eigenen Geld dazu verführt werden, minderwertige und schlecht schmeckende Lebensmittel zu kaufen und so die qualitativ hochwertigeren und nachhaltigeren Alternativen verkümmern lassen und schließlich die Ernährungssouveränität verlieren.

Angesichts der Krise, die uns ins Haus steht, müssen wir uns vor allem solidarisch verhalten: Auch wenn es schwierig scheint, sollten wir kooperativ und regional erzeugte Lebensmittel bevorzugen. Es liegt an den Bürgern, dieses neue Versorgungsmodell aufzubauen und damit auch zu verhindern, dass sie persönlich in eine Krise geraten. Sonst führen Panik, Angst und Egoismus am Ende dazu, dass man seine eigenen Nachbarn als Feinde ansieht.

Lebensmittelsicherheit und soziale Ausschreitungen

Allzu oft wird übersehen, was für eine zentrale Rolle die Ernährung für soziale Unruhen spielt. Dabei sollte uns die derzeitige Situation wachrütteln. Es ist bemerkenswert, dass zu Beginn der ägyptischen Revolution im Jahr 2011 das Brot zum Symbol erhoben wurde: Der Slogan der Bewegung lautete »Brot, Freiheit, soziale Gerechtigkeit«. Ähnlich war es in Syrien, auch dort brachten die Bauern die Dinge in Bewegung. Über Jahre hinweg herrschte Dürre und ihre konventionellen Anbaumethoden hatten zu katastrophalen Ernteausfällen geführt. Und war es nicht ein Gemüsehändler, der in Tunesien den Arabischen Frühling überhaupt in Gang brachte? Er sah vor lauter Schikanen keinen Ausweg mehr und hat sich selbst verbrannt. Kurz gesagt, unter all den vielschichtigen Gründen spielte die Ernährung eine Schlüsselrolle, wenn sie nicht sogar der auslösende Faktor war. Trotzdem wurde diese Revolution weder als Ausdruck einer Ernährungskrise verstanden noch wie eine behandelt. Und so haben in Ägypten wie in Syrien die Menschen weitergekämpft. Man muss endlich erkennen, um was es sich bei dieser Geißel handelt.

Im Punjab kann man dasselbe Phänomen seit den 1960er-Jahren beobachten: Als Folge der Grünen Revolution[16] kam es dort zu Gewaltausbrüchen, ohne dass die Ernährungskrise als solche erkannt worden wäre. Viele Jahre später, 1984, haben die Vereinten Nationen mich mit einer Studie zu dieser Frage im Punjab beauftragt. Der indische Bundesstaat war damals in Aufruhr durch das Vorgehen der Armee gegen die fundamentalistische Bewegung der Sikhs und ich konnte zeigen, dass die Modernisierung der Landwirtschaft, so vielversprechend sie schien, in Wahrheit die Ernährungssicherheit der Bauern zerstört und den Terrorismus angeheizt hat.

*Ernährungssouveränität zurückholen – Erfahrungen
aus dem Kampf in Indien*

Im Kampf um Ernährungssouveränität habe ich Navdanya als Alternative zur Intensivlandwirtschaft gegründet.
Der Name bedeutet »neun Samenkörner«, aber auch das
»erneuerte Geschenk«. Das bezieht sich auf einen alten
Brauch, mit dessen Hilfe die Bauern bestimmen, was sie bei
der nächsten Aussaat pflanzen. Am ersten Tag des Jahres
sät jede Familie neun Samenkörner in einem Topf aus, und
neun Tage später schaut man, was dabei herausgekom-
men ist, um dann das auf den Feldern auszusäen, was sich
am besten entwickelt hat. Der Ausdruck steht auch für die
Biodiversität der indischen Landwirtschaft, die die Ernährungssouveränität des Landes garantiert. Kurz, es fasst die
Ziele unserer Gesellschaft zusammen: ernten, aussäen, und
jedes Jahr das bedrohte freie Saatgut für die Bauern zu vermehren und es zu verbreiten.

Jeder muss die Entscheidungen verstehen, die er fällt,
und seinen Teil der Verantwortung übernehmen. Daher ist
Aufklärung ein elementarer Teil des Kampfs um Ernährungssouveränität, das hat mir meine Arbeit in Indien
gezeigt. Seit Anfang der 1990er-Jahre habe ich zahllose
Bauernhöfe überall in Indien besucht, um dort über die
Bedeutung des Allgemeinen Zoll- und Handelsabkom-
mens (GATT) aufzuklären. Die Bauern müssen unbedingt
begreifen, dass dieser Vertrag – und dasselbe gilt für Handelsabkommen überall auf der Welt – Dumping und Wett-
bewerbsverzerrung auf Kosten Indiens bedeutet und dass
er ein Saatgutmonopol schafft. In einer der Studien, die
ich zu dem Handelsabkommen anfertigte, ging es um den
direkten Zusammenhang zwischen GATT und dem Tod
indischer Bauern. Ich muss zugeben, dass mir zuvor nie der
Gedanke gekommen wäre, dass die Regeln des internatio-

nalen Handels, die die Intensivlandwirtschaft begünstigen, wirklich zu einer solchen Suizidwelle unter den indischen Bauern in den Baumwollanbaugebieten führen könnte, wie wir sie in der Folge erlebt haben. Allerdings ahnte ich schon, dass es generell zu Tod und Vernichtung führen muss, den Pflanzen und Insekten mit Chemie den Garaus zu machen.

Im Anschluss an diese Informationskampagne habe ich 1992 eine erste Demonstration mit 200.000 Bauern organisiert, dann eine zweite 1993, zu der 500.000 Bauern und Aktivisten aus der ganzen Welt kamen. Im Jahr 1994 haben erneut 200.000 Bauern in Neu-Delhi demonstriert. Meine tägliche Arbeit bestand also darin, immer wieder zu erklären, was durch die Globalisierung und die Industrialisierung der Landwirtschaft auf dem Spiel steht. Diese didaktische Arbeit wandte sich auch an die verantwortlichen Politiker: Wir haben eine Arbeitsgruppe im indischen Parlament eingerichtet, damit die indischen Politiker nicht unvorbereitet sind, wenn diese Probleme akut werden. Dort haben wir ein komplettes Modell ausgearbeitet, einen Alternativvorschlag, der zeigt, dass man Handel auch anders organisieren kann, unter Erhalt der Biodiversität, der Gerechtigkeit und der Gleichheit.

So haben wir unsere Botschaft seit Anfang der 1990er-Jahre verbreiten können, bis in die höchsten Ebenen der indischen Regierung hinein. Wir haben die Politik dazu bringen können, bei gewissen strategischen Entscheidungen die Interessen des Landes besser zu berücksichtigen. Der Gesetzgeber war damals drauf und dran, Bestimmungen, die lebende Organismen betreffen, im Sinne des Übereinkommens über handelsbezogene Aspekte der Rechte des geistigen Eigentums (TRIPS-Abkommen) zu ändern. Dieses Abkommen ist ein zentraler Bestandteil der von der Welthandelsorganisation WTO verfolgten globalen Handelsstrategie. Es definiert Mindeststandards für den Schutz von geistigen Eigentumsrechten in 135 Ländern. Das TRIPS-Abkommen ermöglicht die Patentierung von lebenden Organismen, wie sie zuvor nur Objekten vorbehalten war. Damit öffnet es der Biopiraterie Tür und Tor: Es bietet den Unternehmen eine juristisches Handhabe, um aus der Biodiversität eine Ware zu machen. Dieser Vertrag ist nicht demokratisch legitimiert und versucht, die Werte der Konzerne der ganzen Welt aufzuzwingen. Anfang der 1990er-Jahre machte sich kaum jemand in der indischen Staatsführung Gedanken über die Auswirkungen dieser neuen Handelsgesetze auf das Saatgut. Zuvor hatte jedes Land diese Belange nach seinen eigenen Gesetzen geregelt, die seinen Werten, seiner Ethik und seinen sozialen und ökonomischen Bedingungen entsprachen. Auf unseren Druck hin wurde Indien der einzige Staat auf der ganzen Welt, der seine Bauern per Gesetz vor dieser Patentierung lebendiger Organismen schützt. Das indische Gesetz stellt klar, dass die Bauern das Recht haben, ihr Saatgut zu vermehren, auszutauschen, zu verteilen, zu verbessern, zu verbreiten und zu verkaufen und dass ihnen dieses Recht auch durch kein zukünftiges Gesetz genommen werden kann. Wir haben also die Rechte der Bauern direkt in einem Gesetz verankern können. Leider ist es uns nicht gelungen, das TRIPS-Abkommen weltweit zu stoppen.

Von ebenso großer Bedeutung ist es, das geistige Erbe besonders schutzbedürftiger Gruppen wie der eingeborenen Stammesbevölkerung gegen die Konzerne zu verteidigen. Der Begriff des individuellen Eigentums ist der indischen Stammesbevölkerung fremd, aber sie besitzen als gemeinsames kulturelles Erbe ganz beträchtliche Kenntnisse, die aus ihrem Leben im Wald resultieren. Die großen Forschungslaboratorien haben keine Skrupel, sich das Wissen und die Fertigkeiten der Stammesbevölkerung anzueignen und daraus »neue« Konsumprodukte zu kreieren, aus denen sie riesige Gewinne schlagen, ohne die eigentlichen Erfinder jemals zu beteiligen. Das ist eine Spielart von Biopiraterie. Unsere sehr schlicht gehaltene Ergänzung des Gesetzes hierzu sieht vor, dass »nur echte Erfindungen als solche behandelt werden sollen«. Die beiden von uns initiierten Gesetzesänderungen präzisieren nun, was durch unsere nationale Patentbehörde im Sinne des Gemeinwohls erlaubt ist. Sie verhindern die Plünderung von Wissen und Geschäftemacherei mit Saatgut.

Ein weiterer Schlüsselmoment war für mich der Kampf um den Basmatireis. Kaum jemand weiß, dass in dieser speziellen Reissorte Experimente und Zuchtverfahren stecken, die Generationen von Bauern entwickelt haben. Die Anpassung der Aussaat an das Klima, die Verbesserung des Geschmacks und auch die Ergiebigkeit beim Kochen sind das Resultat von Jahrhunderten der Forschung, auch wenn diese nicht hinter den verschlossenen Türen eines ultramodernen Labors stattgefunden hat, sondern auf den Höfen unserer Bauern gemeinschaftlich durchgeführt wurde. Trotz dieser offensichtlichen Tatsache hat das texanische Unternehmen Rice Tec versucht, sich dieses kostbare Manna, dieses Kulturerbe, anzueignen. Es wollte sich unter der Patentnummer 5663484 die Setzlinge und das Saatgut des Basmatireises patentieren lassen. Die Rechte auf geistiges Eigentum, durch die dem Unternehmen eine »Erfindung« zugesprochen worden wäre, hätten das gesamte genetische Material des Basmati umfasst, also auch die Gene der Varianten, die die Bauern gezüchtet haben. Hätte ein solches Patent Erfolg, könnten die Bauern ihren eigenen Reis nicht mehr anbauen oder müssten vor der Aussaat eine Abgabe an Rice Tec zahlen. Dagegen haben wir fünf Jahre lang vor amerikanischen Gerichten gekämpft. Am 14. August 2001 hat das amerikanische Patent- und Markenamt den Patentantrag von Rice Tec schließlich verworfen.

Parallel zu diesem Engagement kämpfen wir seit Ende der 1990er-Jahre gegen mehrere Konzerne, darunter den Agrochemie-Giganten W. R. Grace, der die freie Nutzung des Niembaums einschränken wollte. Dieser Baum wird in Indien sowohl in der Humanmedizin als auch als Mittel gegen Parasiten und Insekten und in der Tierhaltung und der Landwirtschaft vielfach genutzt. Das hat eine lange Tradition und wird schon in indischen Texten erwähnt, die mehr als 2000 Jahre alt sind. Die indischen Bauern, die ihn den »freien Baum« oder auch den »Gratis-Baum« nennen, haben ihr Wissen über ihn großzügig mit anderen Ländern des Südens geteilt, ohne jemals an eine Gegen-leistung zu denken. Schließlich hat auch die Chemieindus-trie, welche die aus der Pflanze gewonnenen Mittel lange als rückständig ansah, ihr Potenzial erkannt und ganze 64 Patente auf sie angemeldet. Zunächst plante der ameri-kanische Konzern Grace, den Niembaum zur Herstellung von Fungiziden zu vermarkten. In Windeseile stampfte er eine Fabrik aus dem Boden, die pro Tag 20 Tonnen der Samen des Baums verarbeiten konnte. Die Bewohner der Gegend, beispielsweise jene, die die Baumsamen nutzten, um sich mit ihnen die Zähne zu putzen, erlebten rasch, dass sie nicht mehr zu bekommen waren. Aber auch die Bauern, die Niem-Produkte auf ihren Feldern verwende-ten oder die Ärzte, die sie gegen Krankheiten einsetzten, kamen bald nicht mehr an die Pflanze heran. Wie kann man Eigenschaften einer Pflanze, die seit Jahrhunderten genutzt werden, als eigene »Erfindungen« deklarieren? So absurd die Frage scheint, es dauerte zehn Jahre, ehe das Patent 2005 aufgehoben wurde.

Ein ähnlicher Kampf war erforderlich, damit das Europäische Patentamt das Patent EP 0445929 auf indischen Weizen annullierte. Es hätte Monsanto erlaubt, sich eine traditionelle Sorte glutenarmen indischen Weizens, den Nap Hal, anzueignen. Am 26. September 2004 ist dieses Patent aufgrund unserer Bemühungen jedoch für ungültig erklärt worden.

Im Jahr 2010 haben wir ein unbegrenztes Moratorium auf von Monsanto entwickelte transgene Auberginen erreicht. Das war ein großer Sieg, denn die Bt-Aubergine wäre die erste erlaubte gentechnisch veränderte, essbare Nutzpflanze in Indien gewesen. Das Land hat zahllose traditionelle Sorten von Auberginen. Jede Gemeinde bevorzugt ihre eigene, lokale Varietät. Die Einführung dieses transgenen Gemüses hätte nicht nur die lokalen Sorten kontaminiert, sondern auch die Biodiversität eines Gemüses reduziert, das von Millionen Indern konsumiert wird. Zu den Gründen, die das Umweltministerium für diese Entscheidung anführte, gehören fehlende Studien über die Langzeitfolgen für die menschliche Gesundheit, die Undurchschaubarkeit der vorgelegten wissenschaftlichen Daten und das Fehlen von Gegengutachten.

Natürlich sind alle diese Konflikte und juristischen Verfahren ermüdend, aber die Siege geben uns Energie und Hoffnung. Sie resultieren aus einer gemeinschaftlichen Arbeit, in der sich zahllose NGOs und viele Organisationen engagieren: die Internationale Vereinigung der ökologischen Landbaubewegungen (IFOAM), Greenpeace, die europäischen Grünen und viele andere.

Politische Maßnahmen

Neben engagierten Organisationen und NGOs muss aber auch die Politik endlich entschieden vorgehen, um ihren Bürgern ihre Ernährungssouveränität zurückzugeben. Dazu wäre es vor allem nötig, die Entscheidungen in diesen Fragen einem demokratischen Prozess auf nationaler Ebene zu unterwerfen, also den Parlamenten der einzelnen Länder zu überlassen. Das Nahrungsmittelsystem ist einfach zu wichtig, um es dem Gutdünken der Konzerne oder der Saatguthersteller auszuliefern, die heute maßgeblichen Einfluss auf die Gesetzgebung haben. Außerdem müssen die Regierungen aufhören, mit ihren Subventionen für die Landwirtschaft den Export anzukurbeln. Diese Waffen im Handelskrieg führen zu Wettbewerbsverzerrungen, die ganz deutlich zu Lasten der Produzenten im Süden gehen. Die Subventionen machen diese Länder vom internationalen Markt abhängig und zerstören weltweit die Subsistenzwirtschaft.

Schließlich müssen die Gesetzgeber Patente auf Saatgut ganz einfach verbieten. Das ist dringend geboten, wenn man ein Monopol von Konzernen auf Saatgut verhindern will. Auf der Ebene des Welthandels muss der gesamte Artikel 27 Absatz 3b des TRIPS-Abkommens auf den Prüfstand gestellt werden. Dieser Text, den ich bereits erwähnt habe, gehört zum Regelwerk, das die Welthandelsorganisation (WTO) durchsetzen will. Das TRIPS-Abkommen verhindert, dass die Länder des Südens ihre Ernährungssouveränität wiedererlangen: Kein Land kann sich selbst versorgen, wenn es nicht über sein eigenes Saatgut verfügt. Das Abkommen ist ein Instrument des Protektionismus im Dienst der industriellen Saatgutmonopole, das auch andere Bereiche wie die Gentechnik und die Herstellung von Medikamenten betrifft. Es gibt Konzernen die Macht, das Recht auf geistiges Eigentum zur Ausschaltung der Konkurrenz zu nutzen. Der unverhältnismäßig ausgedehnte Schutz des geistigen Eigentums, den es gewährt, kommt einem Privileg gleich, es sichert den Inhabern dieser Rechte garantierte Gewinne auf Kosten des Gemeinwohls. Das TRIPS-Abkommen begünstigt die Ausplünderung der Biodiversität, favorisiert die Biopiraterie und schadet den wirtschaftlichen, sozialen und kulturellen Rechten der Ärmsten. Bei der Schlussformulierung des Abkommens 1994 wurde auf unser Drängen ein entscheidender Satz hinzugefügt, der bestimmte, dass dieser Vertrag vier Jahre nach Inkrafttreten überprüft werden soll. Alle Länder des Südens versprachen sich viel von einer möglichen Überarbeitung des Abkommens. Sie erhofften sich Klarstellungen und Ergänzungen, nachdem sie sich bei den Verhandlungen selbst nur schlecht Gehör verschaffen konnten. Indien und Afrika fordern schon seit 1999 eine Revision des Artikels 27 Absatz 3b des TRIPS-Abkommens, bislang erfolglos.

Rückkehr zur Subsistenzwirtschaft

Neben der Macht über das Saatgut sollten wir auch die Nahrungsmittelproduktion selbst nicht den globalen Konzernen überlassen, die Umwelt, Menschenrechte, Biodiversität und Geschmack ihren Gewinnmargen unterstellen. Stattdessen sollten wir sie wieder selbst in die Hand nehmen: Mit kleinen bäuerlichen Betrieben und wo immer möglich Selbstversorgungs-Netzwerken.

Eine solche Rückkehr von Nahrungsmittelsystemen auf der Basis kleiner Bauernhöfe ist keine bloße Utopie, sondern eine Entwicklung, die bereits Form annimmt. Der Biolandbau, der in der Regel auf kleineren Höfen betrieben wird, ist der am stärksten wachsende Wirtschaftszweig der Welt. Laut IFOAM, der Internationalen Vereinigung der ökologischen Landbaubewegungen, lag sein Wachstum in den letzten Jahren im Schnitt bei 25 Prozent. In Asien erreichte es im Jahr 2013 35 Prozent, mit weiterhin steigender Tendenz.[17] Die steile Zunahme der biologischen Landwirtschaft wird durch zahlreiche Daten bestätigt.

Im Übrigen würden sich die Konzerne auch nicht so viel Mühe geben, der Biobewegung und den kleinen Bauernhöfen ständig Steine in den Weg zu legen, wenn sie in ihnen nicht eine erhebliche Bedrohung sehen würden. Dann bräuchte die Agrarindustrie auch nicht so viele Gesetze zum Saatgut zu initiieren – aber ohne das Saatgut der Bauern ist biologische Landwirtschaft unmöglich, das wissen die Lobbyisten genau. Von derselben Angst getrieben versucht die Europäische Union, die Biolandwirtschaft als einen »Nischenmarkt« darzustellen und ihr damit die Bedeutung zu nehmen. Der Gesetzgeber gibt sich großzügig und erlaubt diesem Bereich die Existenz, vorausgesetzt, dass er brav in seinem Eckchen bleibt.

Neben Saatgutpatenten sind auch Hygienevorschriften ein beliebtes Instrument, um die Biobewegung einzudämmen. Anfang der 1990er-Jahre wurde in Europa beispielsweise ein Gesetzentwurf ausgearbeitet, der Bauernhöfen, die ihre lokalen Märkte selbst beliefern wollten, Auflagen machte. Die Bauern sollten über ein Kühlsystem und fließendes Wasser verfügen und dergleichen. Bei derlei Vorschriften geht es in Wahrheit darum, den Erzeugern den Marktzutritt zu erschweren. In den USA ist es nicht viel anders, dort wird alle paar Tage ein bäuerlicher Betrieb zwangsgeschlossen – mal unter dem Vorwand, dass er seinen eigenen Käse herstellt, mal, dass er Hofschlachtung unter würdigen Bedingungen durchführt, anstatt seine Tiere ins Schlachthaus zu schicken. Für die Industrie sind Hygienevorschriften und das Recht auf geistiges Eigentum

Mittel zum Zweck der Verhinderung einer Biolandwirtschaft, die sich um eine regionale Produktion im menschlichen Maßstab bemüht. Ohne solche Hindernisse und unter der Voraussetzung eines wirklich demokratischen Umfelds wäre die Biolandwirtschaft nicht nur eine Möglichkeit unter anderen, sondern würde sicherlich innerhalb weniger Jahre die Führung übernehmen.

Wenn wir ohne Zeitverlust damit beginnen, eine wirkliche Alternative zu entwickeln, die auf Saatgutfreiheit und die Rückkehr zur regionalen, auf kleinen Höfen betriebenen Landwirtschaft mit kurzen Lieferwegen setzt, dann könnten wir in fünf bis zehn Jahren ein System aufbauen, das qualitativ hochwertige Nahrung für alle liefert. Aber wir stehen heute an einem Scheideweg. Wenn wir nicht rasch das Problem an der Wurzel packen, das heißt, innerhalb der nächsten fünf bis zehn Jahre, dann werden wir einen regelrechten Zusammenbruch der Lebensmittelversorgung erleben.

Eine Schlüsselrolle spielen hier die Lokalpolitiker. Es macht sehr viel aus, wenn diese entscheiden, dass ein Krankenhaus, ein Altersheim oder eine Schule nur noch Bioessen ausgibt. Derzeit arbeite ich mit der Provinz Rom zusammen. Als ich 2012 dort für das Bündnis für die Erde warb, sprach mich der Provinzpräsident an. Wir unterhielten uns über Gemeinschaftsgärten, und er fragte mich: »Glauben Sie, dass man auch in unserer Stadt etwas anbauen kann?« »Natürlich!«, antwortete ich. Und so hat Rom beschlossen, eine »Stadt der Gemüsegärten und Biohöfe« zu werden, und jedes Mal, wenn ich dort bin, bringen wir dieses Projekt ein Stückchen weiter voran. Derzeit wird dort ein Gesetz vorbereitet, um öffentliches Land für Arbeitslose zur Verfügung zu stellen, damit sie etwas anbauen können. Von allen europäischen Städten hat Rom den höchsten Grünflächenanteil. Den will man für den Anbau von Nahrungsmitteln nutzen. Die Einwohner beurteilen das Projekt weitgehend positiv, die Zahl der Gemeinschaftsgärten wächst und wächst, erst waren es 100, 2013 schon 150, über die ganze Stadt verstreut. Die Gärtner nutzen alle sich bietenden Flächen, sei es am Rand von Sportplätzen oder vor Gebäuden. Die Provinz sieht in dieser städtischen und bürgernahen Landwirtschaft auch einen Beitrag zur Bekämpfung der Arbeitslosigkeit.

Ich habe dort eine Gruppe römischer Arbeitsloser getroffen, der die Gemeinde 3000 Quadratmeter Fläche zur Bewirtschaftung übergeben hat. Sie waren zuvor als Informatiker für Eutelia Information Technology tätig, ein Unternehmen mit 1800 Angestellten. An Arbeit fehlte es nicht, aber die Unternehmensleitung machte windige Spekulationsgeschäfte, es kam zu Prozessen. Die Entlassenen, alle in den Vierzigern, erklärten mir: »Wir finden keine Arbeit mehr, wir sind zu alt!« Ein paar Dutzend unter ihnen, die einen Arbeitskampf organisiert und die Firmenbüros besetzt hatten, taten sich im Jahr 2009 zusammen und beschlossen, etwas Neues zu versuchen: Land zur eigenen Ernährung und zur Versorgung der näheren Umgebung zu bestellen. Ein Angestellter, der sich bereits an einem Gemeinschaftsgarten beteiligte und von dort Gemüse mitbrachte, hatte sie neugierig gemacht. Und so haben diese entlassenen Angestellten sich darauf verlegt, es als Bauern zu versuchen – nicht bloß, um sich selbst mit Grundnahrungsmitteln zu versorgen, sondern auch, um nicht zu vereinsamen und sich den sozialen Zusammenhalt zu erhalten, den ihnen ihr alter Arbeitsplatz gegeben hatte. Kurz und gut, sie haben gemeinschaftlich das Problem der Arbeitslosigkeit angepackt. Nun versorgen sie sich nicht nur selbst, sondern können auch noch etwas verkaufen. Sie produzieren Obst und Gemüse, haben Hunderte Olivenbäume und Weinstöcke und ihre Kühe geben 1000 Liter Milch pro Tag. Das Projekt, das von der Provinz und der Stadt unterstützt wird, ist zum Modell für Fragen der Nahrungsmittelsicherheit und die Perspektiven von Arbeitslosen geworden.

Dieses Projekt wird hauptsächlich von Leuten betrieben, die ein höheres Bildungsniveau haben. In vielen Ländern gelten regionale Bioprodukte eher als etwas, wofür sich die wohlhabendere Bürgerschicht, nicht die einfachen Leuten interessiert. Aber Bioprodukte sind kein Nischenprodukt für Betuchte, ganz im Gegenteil: In zahlreichen Ländern gibt es bereits Gemeinschaftsgärten, die von Migranten und Immigranten bewirtschaftet werden. In Berlin habe ich viele Gemeinschaftsgärten besucht, die von Immigranten gepflegt werden, und dort Frauen aus südosteuropäischen Ländern befragt, warum sie in den Gärten arbeiten. Sie haben mir gesagt: »Wenn wir unsere eigenen Sachen anbauen, dann haben wir hochwertige Lebensmittel. Sonst könnten wir uns nur Billigprodukte kaufen. Außerdem gehören wir als Flüchtlinge nirgends dazu. Aber wenn wir hierher kommen, dann können wir Freundschaften schließen und eine neue Gemeinschaft finden.« Gemeinschaftsgärten sind nicht nur etwas für die Wohlhabenden, sie entwickeln sich überall, auch in den Arbeitervierteln. Wenn es eine regionalere kleinbäuerliche Landwirtschaft gibt, dann versorgen sich früher oder später auch die Armen auf den Wochenmärkten und direkt bei Anbietern vor Ort, die gerade für Leute, die knapp bei Kasse sind, preiswerte, gesunde und ökologische Angebote haben. Durch den Wegfall der Zwischenhändler sind die Bioprodukte günstiger, zumal man von ihnen im Gegensatz zu eher nährstoffarmer Billigware weniger kaufen muss.

Ich glaube fest daran, dass sich die Veränderungen in den Ernährungsgewohnheiten durchsetzen werden. Im Unterschied zu Entscheidungen der politisch Verantwortlichen, die erst lange auf sich warten lassen und dann womöglich umgangen werden, haben Veränderungen im Konsumverhalten einen unmittelbaren und dauerhaften Effekt. Ein Produkt, das boykottiert wird, verschwindet aus dem Handel, aber ein Unternehmen, das faire Produkte liefert, die bei den Bürgern ankommen, kann einfach nur Erfolg haben. Der ökologische Wandel hat also einen Beschleunigungseffekt. Jeder kann mit seinen persönlichen Entscheidungen dazu beitragen, erfolgreich das System zu ändern.

KAPITEL 2

Der Krieg
um die Rohstoffe

Der Wald hat in meiner Erziehung eine besondere Rolle gespielt. Jeden Winter verbrachten wir drei Monate mit meinem Vater, einem Waldhüter, fernab von allem in der weiten, wilden Natur. Wenn es bis in die Himalaya-Täler hinab schneite und alle Schüler im Bundesstaat Uttarakhand nach Hause fuhren, um die Ferien im Warmen zu verbringen, folgten meine Schwester Mira, mein Bruder Kuldip und ich unserem Vater und einigen schwer beladenen Pferden in die entlegenen Wälder des Himalaya. Wir marschierten mehrere Tage durch die stille Natur, in Etappen von zwanzig bis dreißig Kilometern, bis wir eine Hütte des indischen Forstdienstes erreichten. Von dort aus versah mein Vater seinen Dienst. Solche hölzernen Berghütten hatten weder Wasser- noch Stromanschluss und wurden nur durch einen kleinen Ofen oder Kamin beheizt. Das waren wirklich harte Lebensbedingungen – ich erinnere mich noch, wie schwer es uns abends fiel, uns vom Kamin loszumachen und ins eiskalte Bett zu kriechen! Doch es gab nicht immer nur Schnee und kalten Wind. Der Beruf meines Vaters führte uns auch oft in tiefer gelegene, wärmere Zonen, in subtropische Täler. Er erklärte uns, was man aus den Pflanzen, die dort wuchsen, kochen konnte, wie man sie zu Heilzwecken nutzte, wie man sie anbaute. Ich fand das ungeheuer spannend! Abends kehrten wir dann zu unserer Zuflucht im Wald zurück, manchmal übernachteten wir auch in einem Biwak. Wir ernährten uns von Reis, Linsen und Kartoffeln, alles mit den Pferden herangeschafft. Doch wir hatten immer auch viele Bücher dabei, um uns an den Abenden die Zeit zu vertreiben. Diese Bücher hege und pflege ich heute noch in meiner Bibliothek. Wenn ich sie aufschlage, dann entdecke ich manchmal darin getrocknete Pflanzen, die meine Schwester und ich als kleine Mädchen in den 1960er-Jahren aufgelesen haben, was ich sehr berührend finde.

Das Verhältnis zwischen Mensch und Natur

In meinen Augen ist der Mensch untrennbar mit der Natur verbunden. Der indische Dichter Rabindranath Tagore sagte einst, dass die Trennung der Menschen untereinander und von der Natur in die Sklaverei führe und dass wir Freiheit fänden, wenn wir uns zusammentun und uns mit der Natur vereinen. Doch wir haben uns von »Mutter Natur« entfernt, und genau das hat uns in die ökologische Krise geführt. Wir können nicht in dieser Weise außerhalb der Ökosysteme weiterleben, auch wenn wir uns oft dieser Illusion hingeben. Wir sind Teil der Natur. Bestehen wir nicht aus eben jenen fünf Elementen – Erde, Wasser, Feuer, Luft und Raum –, aus denen auch die Erde gemacht ist? [1] Erlaubt uns der Sauerstoff, den die Pflanzen produzieren, nicht erst zu atmen?

So betrachtet, ist der Wert der Ökosysteme unschätzbar. Das Umweltprogramm der Vereinten Nationen (United Nations Environment Programme, UNEP) hat in einer Studie mit dem Titel »Der ökonomische Wert von Ökosystemen und biologischer Vielfalt« (The Economics of

Ecosystems and Biodiversity, TEEB) gezeigt, dass die Aktivitäten des Menschen jährlich einen ökologischen Schaden verursachen, der sich auf 2000 bis 4500 Milliarden Dollar beziffern lässt.[2] Aber diese Aufrechnung zeigt im Grunde nur, wie weit wir uns von der Natur entfernt haben, und zwar auch in unseren Bemühungen, nach Lösungen zu suchen. Die sogenannte Grüne Ökonomie will unter dem Vorwand, die Umwelt zu schützen, unbedingt alles, was die Bäume, die Erde und die Tiere ganz umsonst für uns tun, mit einem Preis versehen: die Blütenbestäubung, die Produktion von Sauerstoff, die Reinigung des Wassers, die Klimaregulierung ... Aber wozu all das zergliedern, um ihm einen Geldwert zuzuschreiben? Das führt uns nur in eine weitere Sackgasse: Die Schaffung eines Markts für ökologische Dienstleistungen. Auch wenn wir der Zerstörung der Natur einen Preis geben, betrachten wir die Ökosysteme noch unter dem Gesichtspunkt des Markts. Was die Natur für uns tut, in Geld umzurechnen, läuft darauf hinaus, sie als kommerzialisierbar zu betrachten.

Beispiele für den Widerstand

Mag sein, dass die Industrie versteht, wie die Natur funktioniert und was Biodiversität ist, aber sie ändert deswegen nicht ihre Strategie. Die Globalisierung vermittelt den Unternehmen die Botschaft, dass sie die Konsequenzen ihrer Handlungen nicht zu tragen haben. Sie operieren auf globaler Ebene, um die Gesetzgebung von Staaten zu umgehen oder auszuhebeln. Sie suchen sich die Länder mit den nachlässigsten Gesetzen aus, in denen sie möglichst billig produzieren können, um den Konsum anzuheizen, und zwar auch von Dingen, die wir zuvor gar nicht brauchten. Wozu benötigen wir eigentlich verpackte Fertiggerichte? In Indien haben die Leute früher auch ihre Pfannkuchen selbst zubereitet und sie auf Tellern serviert. Ohne all diese Verpackungen würde sich der Ressourcenverbrauch erheblich reduzieren. Doch in sämtlichen Ländern verbreiten sich nun verpackte Snacks. Wenn man die Pfannkuchen in der Fabrik herstellt, sie in Aluminium steckt und über weite Wege transportiert, dann hat das verheerende Auswirkungen. Nur damit eine solche Verwertungskette funktioniert, muss Bauxit im Tagebau gewonnen werden. Niemand macht sich darüber Gedanken, was das für das Grundwasser bedeutet, abgesehen von allem anderen.

Statt der Natur einen Geldwert zuzuweisen, sollten wir für sie kämpfen – und ihr damit für all das danken, was sie uns schenkt. Überall auf der Welt gibt es kleinere und größere Gruppierungen, die sich Konzernen und Regierungen widersetzen und für die Natur eintreten. Ein Beispiel dafür sind die Frauen der Chipko-Bewegung, mit der ich in meiner Anfangszeit als Aktivistin sehr eng verbunden war. Ich war damals mit einundzwanzig das jüngste Mitglied der Organisation, der schon meine Mutter angehörte. Die Begegnung mit diesen Frauen hat mein ganzes Leben geprägt. Die Organisation gründete sich im April 1973. Damals waren im Dorf Mandal, das an der Grenze zwischen Indien und Tibet liegt, Holzfäller angetreten, um 300 Eschen im Auftrag eines Sportunternehmens zu fällen. Doch bevor sie loslegen konnten, erklangen Trommeln im Wald und die Dorfbewohnerinnen liefen herbei, um die Bäume in Dreiergruppen zu umringen. Sie verkündeten, eher sterben zu wollen als ihren Wald, der für sie eine wahre Speisekammer war, aufzugeben. Der Name dieser Gruppe von Waldschützerinnen, Chipko, bedeutet »die Bäume umringen« und leitet sich von dieser Protestaktion ab. Die Bäuerinnen waren so entschlossen, dass die Arbeiter schließlich abzogen, ohne einen einzigen Baum gefällt zu haben. Die Leiter des Unternehmens fassten dann achtzig Kilometer weiter einen anderen Wald ins Auge, um ihr Holz zu schlagen – aber die Nachricht des Widerstands von Mandal hatte sich schneller verbreitet, als dort Holzfäller anrücken konnten. Nach sechsmonatigem Kampf gab das Unternehmen schließlich auf. Diese ersten Aktionen haben viel Enthusiasmus, aber auch große Spannungen ausgelöst. Hunderte kleiner Dörfer hatten bereits die Folgen solcher Entwaldungsaktionen zu spüren bekommen: Verlust ihrer Waldressourcen, Überschwemmungen und Erdrutsche, die Häuser und ganze Dörfer verschlangen. Bäume, die die Steilhänge in Uttarakhand gesichert hatten, fehlten auf einmal. Abgesehen von solchen Katastrophen konnten die Frauen im Wald nicht mehr wie früher Essbares zur Ernährung der Gemeinschaft sammeln, auch kein Feuerholz holen oder die Herden auf den Waldlichtungen grasen lassen. Die Mütter und ihre Töchter, die besonders von diesem Raubbau an ihren Ressourcen betroffen waren, stellten sich als Erste den Unternehmen entgegen. Manchmal schlossen sich die Bewohner mehrerer Ortschaften dabei auch zusammen. »Wenn ihr diesen Baum fällen wollt, müsst ihr erst mich fällen!«, riefen sie, wenn die Polizisten, die die Holzfäller begleiteten, auf Lastwagen anrückten. Diese Frauen waren meine Kampfgefährtinnen, und die Erfahrungen, die ich an ihrer Seite machte, haben mich entscheidend geprägt.

Und sie haben überall auf der Welt Verbündete: Als die italienische Regierung beispielsweise 2010 beabsichtigte, die Wasserversorgung zu privatisieren, haben die Bürger das Italienische Forum der Bewegungen für das Wasser gegründet, ein Bündnis landesweiter und lokaler Gruppierungen. Es wurde ein Volksentscheid abgehalten, bei dem es außer um die Frage der Wasserprivatisierung auch darum ging, ob man Atomkraftwerke bauen und ob man die Immunität von Berlusconi aufheben sollte (natürlich wurde über jede Frage einzeln abgestimmt). Der Volksentscheid fand am ersten Wochenende der Sommerferien statt, trotzdem sind immerhin 57 Prozent der Wähler zu den Urnen gegangen. Das war deutlich mehr, als das erforderliche Quorum verlangte (mindestens 50 Prozent der Wahlberechtigten mussten für ein erfolgreiches Votum teilnehmen) – so etwas hatte es bei Volksabstimmungen in Italien seit 16 Jahren nicht mehr gegeben. In allen drei Punkten stimmten die Wähler und Wählerinnen zu 90 Prozent mit Nein, lehnten also auch die Privatisierung der Wasserversorgung ab. Der Staat wollte die Wasserwerke im Wesentlichen in private Hände geben, die Gemeinden sollten nur noch 30 Prozent der Anteile halten. Dem hat die Bevölkerung eine klare Absage erteilt und damit gezeigt, dass sie begriffen hat, was auf dem Spiel steht. Und sie hat unterstrichen, dass Wasser ein Gemeingut ist, zu dem alle Bürger freien Zugang haben sollten.

Wenig später, am 28. Juli 2010, hat die Generalversammlung der Vereinten Nationen eine Resolution angenommen, die den Zugang zu sauberem Trinkwasser zum Menschenrecht erklärt. Die Resolution wurde mit 122 Stimmen bei 41 Enthaltungen ohne Gegenstimme angenommen.[3] Nun geht es darum, diesem Recht Geltung zu verschaffen.

Der Kampf für die Natur kann auch gegen scheinbar übermächtige Konzerne erfolgreich sein, wie die Schließung einer Produktionsstätte von Coca-Cola im indischen Kerala zeigt. Der Bevölkerung dort wurde es anfangs als großes Glück verkauft, dass sich Coca-Cola dort ansiedeln wollte. Die Aussicht auf Arbeitsplätze und auf Steuereinnahmen von jährlich 1 Million Rupien (über 12.000 Euro) weckte bei den 30.000 Bewohnern des Gebiets Hoffnungen auf eine bessere Zukunft. Also haben die Leute ihre Äcker verkauft und in Windeseile wurde auf einem Gelände von 15 Hektar eine Fabrik mit 37.000 Quadratmetern Produktionsfläche errichtet. Die funkelnden neuen Maschinen, die modernen Fabrikhallen, untereinander durch perfekt asphaltierte Wege verbunden, schienen die Erwartungen zu bestätigen. Die anschließende Enttäuschung war umso größer: Die Fabrik entnahm für die Getränkeherstellung so viel Grundwasser, dass rundherum dutzendweise Brunnen versiegten. Und das wenige Wasser, das den Bewohnern blieb, war verseucht. Coca-Cola hatte die Genehmigung erhalten, 561.000 Liter Limonade herzustellen – pro Tag! Für jeden Liter des Getränks wurden 3,8 Liter Wasser verbraucht. Die Bauern, die zur bitterarmen Bevölkerungsgruppe der Dalits gehören und praktisch nichts besitzen, konnten ihre Felder nicht mehr bestellen, nicht kochen, sich nicht waschen, ja sie hatten nicht einmal mehr Wasser zum Trinken. Mehr als 500 Haushalte hatten kein Trinkwasser mehr und mussten die Brunnen ihrer Nachbarn benutzen.

Als den Menschen klar wurde, dass das Wasser nicht mehr sauber war, waren viele längst krank geworden. Zahlreiche Neugeborene litten unter Hautkrankheiten oder Durchfall und bald meldeten sich in den umliegenden Krankenhäusern immer mehr Menschen. Jede Woche erschienen dort zwei bis drei Menschen, die durch das Wasser krank geworden waren. Die Einwohner haben die Verschmutzung auch daran bemerkt, dass sie ihre Mahlzeiten deutlich länger kochen mussten und das Wasser nicht mehr schäumte, wenn sie ihre Wäsche oder sich selbst wuschen. Schließlich musste das Wasser per Tankwagen herangeschafft werden, teilweise mussten die Frauen kilometerweit mit Plastikkanistern auf Wassersuche gehen.

Anfangs wurden die Klagen der Bevölkerung als lächerlich abgewiesen. Man konnte doch nicht schlichten Unberührbaren gegen einen Weltkonzern wie Coca-Cola Recht geben! Petitionen an den Staatsanwalt der Region, an die Provinzregierung, an die für Umweltkontrollen zuständigen Stellen, an die Wasserbehörde und andere Einrichtungen wurden nicht einmal einer Antwort gewürdigt. Auch im Rathaus ihrer Gemeinde fanden die Bewohner keine Unterstützung. Dort dachte man nur an die Steuereinnahmen und die politischen Parteien fanden wohl in dieser Angelegenheit nichts für sich zu gewinnen. Im Jahr 2002 riefen mich zum ersten Mal Einwohner aus dem Dorf Plachimada an. Ich kannte sie nicht und ich wusste nicht, wen ich da an der Strippe hatte, aber durch meine Erfahrung mit dieser Art von Bewegungen war mir sofort klar, dass die Polizei eine potenzielle Rebellion einfach niederschlagen würde.

Durch Labortests konnte letztlich nachgewiesen werden, dass das Wasser rund um die Fabrik verschmutzt und nicht mehr trinkbar war, man es nicht mehr für die Körperpflege benutzen, keine Lebensmittel und keine Kleider damit waschen konnte und auch keine Felder damit bewässern ... Ich bin also nach Plachimada gegangen, wo mich 1300 Menschen vor dem Fabriktor erwarteten. Am Ende dieses Tages saßen 130 im Gefängnis. Da habe ich beschlossen, aus diesem Kampf ein Symbol zu machen und zu zeigen, dass auch eine kleine Gemeinschaft von Bauern, von denen viele nicht lesen und schreiben konnten, dem Recht zur Geltung verhelfen und gegen ein großes Unternehmen gewinnen kann. Ich habe Kontakt mit Persönlichkeiten aus der Region aufgenommen, um ihre Unterstützung für diese Sache zu gewinnen. Einer von ihnen, Herausgeber einer Zeitung, verlor mit seiner Zustimmung Coca-Cola als Werbekunden und damit Einnahmen von 16 Millionen Rupien im Jahr (ungefähr 197.000 Euro). Als dem Konzern klar wurde, wie groß die Mobilisierung war, versuchte er, die Kommunalverwaltung zu bestechen. Doch dies wurde von den Volksvertretern als Schuldeingeständnis des Unternehmens gewertet und sie lehnten das Geld ab, obwohl sie es gut hätten brauchen können. Mir ist es außerdem gelungen, den französischen Landwirt und Europapolitiker José Bové und die kanadische Ökologin Maude Barlow dafür zu gewinnen, gemeinsam mit den Dorfbewohnern vor der Fabrik zu demonstrieren.[4] Schon am zweiten Tag ihres Besuchs unterstützten die großen indischen Zeitungen die Dorfbewohner von Plachimada und die Behörden reagierten innerhalb kürzester Zeit: Nur drei Wochen nach der Protestkundgebung, am 17. Februar 2004, überbrachte der Gouverneur persönlich die Nachricht, auf die die Menschen seit zwei Jahren gewartet hatten. Er ordnete die Schließung der Fabrik binnen 30 Tagen an. Seitdem ist die Produktion nicht mehr angelaufen. Diesen Sieg haben die Dorfbewohner vor allem der Entschlossenheit einer Handvoll Bäuerinnen zu verdanken, die die Sache ins Rollen brachten. Zwei Jahre lang haben sie die Fabriktore belagert. Ohne diese Frauen hätte sich gar nichts geändert.

Die Nachricht von der Schließung hat sich wie ein Lauffeuer verbreitet und anderen indischen Gemeinden Mut gemacht im Konflikt mit Unternehmen, die schamlos die Ressourcen vor Ort ausplünderten. Ein Jahr nach dem Erfolg von Plachimada haben wir eine große, landesweite Protestveranstaltung organisiert, in der mehr als vierzig Produktionsstätten von Coca-Cola und Pepsi von Menschenketten umringt wurden. Diese Bewegung hat 100.000 Demonstranten auf die Beine gebracht. Weite Verbreitung fand auch die »Erklärung von Plachimada«. Darin steht unter anderem, dass »alle Versuche, Wasser zu privatisieren und zu kommerzialisieren, ganz gleich in welcher Form, kriminelle Akte sind, denen wir uns widersetzen müssen. Nur auf diese Weise können wir den Zugang zu Wasser sichern, ein fundamentales und unveräußerliches Recht aller Völker der ganzen Erde.« Bedauerlicherweise hört Coca-Cola diese Botschaft nicht. Die Mehrheit der Konzerne lebt in einer Welt, die von der Vorstellung grenzenlosen Wachstums geprägt ist.

Nach der Schließung mussten die indischen Aktivisten lange dafür kämpfen, dass der Schaden auch offiziell anerkannt wurde. Ein Abschlussbericht erschien erst im März 2010. In ihm wird dem Unternehmen die Verantwortung für den Wassermangel gegeben und der Schaden auf 48 Millionen Dollar beziffert. Es wurde festgelegt, dass der Konzern die Opfer für die Ernteverluste, die Gesundheitsprobleme, entgangenes Einkommen und die Verschmutzung des Grundwassers entschädigen muss. Leider ist dies immer noch nicht geschehen. Der Bericht hat den Bundesstaat Kerala zwar dazu veranlasst, im Jahr 2011 einstimmig ein Gesetz zu verabschieden, das auf dem Prinzip »der Verschmutzer zahlt den Schaden« beruht und das es den Einwohnern von Plachimada im Prinzip ermöglicht, Unternehmen mit Aussicht auf Erfolg zu verklagen.[5] Allerdings besteht das Gesetz bislang nur auf dem Papier, da keine der verantwortlichen politischen Parteien sich um seine Umsetzung bemüht. Und so sind nach drei Jahren des Abwartens die Proteste wieder in alter Stärke aufgeflammt.

Die Tricks der Unternehmen

Coca-Cola macht trotz aller Proteste weiter, als wäre nichts gewesen. Im April 2013 hat die Regierung des Bundesstaats Uttarakhand dem Unternehmen die Baugenehmigung für eine Fabrik in unmittelbarer Nähe des Dorfs Charba erteilt. Dort wollte Coca-Cola eine Schneise in den Wald schlagen und 6 Milliarden Rupien in eine Abfüllanlage stecken. Ich habe unverzüglich eine Pressekonferenz organisiert und dann für eine lokale Protestbewegung gesorgt, um dies zu verhindern. Eine Reihe von Informationsveranstaltungen und eine Aufklärungskampagne haben die Bevölkerung darüber aufgeklärt, was damit auf dem Spiel stand. Niemand hatte sie zuvor gefragt; nun zogen sie gegen Coca-Cola vor Gericht. Ein Jahr später, im April 2014, haben die Dorfbewohner gewonnen, das Projekt wurde gestoppt. Übrigens haben die Behörden etwa zur selben Zeit die Schließung einer anderen Fabrik angeordnet, die sich nur wenige Kilometer entfernt von dem heiligen Ort Mehdiganj in Benares befand. Auch dort klagten die Anwohner seit Jahren über eine Absenkung des Grundwasserspiegels und die Verschmutzung des Wassers durch die Anlage. Ich bin also optimistisch: Die Anti-Coca-Cola-Bewegung ist in ganz Indien lebendig. Alle haben begriffen, dass die Aktivitäten dieser Firma die Wasserreserven erheblich strapazieren, und das in einem Land, das unter Wassermangel leidet.

Angesichts des massiven Widerstands der Inder zieht Coca-Cola alle Register des Betrugs. Der Softdrink-Riese behauptet in Anzeigen schamlos, für mehr Grundwasser zu sorgen, als er verbraucht. In der Realität sieht das so aus: In ihrer Fabrik in Kala Dera (Rajasthan) zum Beispiel, wo die Wasserreserven erschöpft waren, soll das Grundwasser angeblich durch gesammeltes Regenwasser um das Fünfzehnfache der Menge ergänzt werden, die ihm durch Pumpen entnommen werden. Vor Ort durchgeführte Studien zeigen, dass das unmöglich ist. Es gibt auch auf dem gesamten Gelände von Coca-Cola keinerlei Messvorrichtung für das aufgefangene Regenwasser. Die Angaben ergeben sich allein aus einem Rechenmodell. Aber wenn man die zugehörigen Unterlagen einsehen will, wird einem gesagt, die seien nur zum internen Gebrauch bestimmt und könnten nicht herausgegeben werden ... Kurz, es handelt sich hier um nichts anderes als *Greenwashing*, mit dem der Konzern groß auf seine Regensammelanlagen und die Brunnen verweist, die er rundherum aufkauft. Solche Aktionen sind nichts anderes als eine Imagekampagne und dienen allein der Selbstdarstellung als nachhaltiges Unternehmen. Eine echte Änderung der Unternehmenspolitik sieht anders aus. Wir fänden es besser, wenn Coca-Cola einfach seine Verantwortung für die Erschöpfung des Grundwassers in der Region eingestehen würde, doch die leugnet der Konzern. Die Öffentlichkeitsarbeit solcher Unternehmen produziert einen geschlossenen Informationskreislauf, in dem die großen Konzerne sorgfältig konstruierte Botschaften liefern, die dann von den Medien verbreitet werden. Die Ausbeuter erklären der Welt, sie würden keinerlei Schaden anrichten. Die wachsende Abschottung der Unternehmen und die Verschleierung ihrer Aktivitäten stellen eine enorme Bedrohung für die Demokratie dar. Um es ganz deutlich zu sagen: Frieden vorausgesetzt, würden wir ohne diese internationalen Konzerne keinen Mangel kennen, denn unser Planet ist zu 70 Prozent von Wasser bedeckt und die Menschheit verfügt über riesige Vorräte an Trinkwasser, die sich ständig erneuern.

Die Armee im Dienst der Industrie

Zentralindien ist sehr reich an Wald und Wasser. Dort leben noch immer viele Stämme, das Gebiet ist von den Engländern nicht kolonisiert worden. Sie konnten es nicht erobern. Auch die indischen Beamten wagten sich nach der Unabhängigkeit kaum in das Gebiet vor. Als es mit der

Globalisierung losging, haben die Konzerne in ihrer Gier nach Eisen, Kohle und anderen Ressourcen versucht, sich mit Gewalt Zugang zu verschaffen. Doch zur selben Zeit, 1996, wurden Gesetze zum Schutz der Stämme erlassen, die ihnen das Recht zusprachen, sich selbst zu verwalten und selbst über ihr Schicksal zu bestimmen. Das war im Grunde nichts anderes als eine Anerkennung der faktischen Lage. Diese Gesetze fanden in einigen Fällen auch Anwendung. Ich erinnere mich an das Vorhaben eines deutschen Unternehmens, eine Fabrik zu errichten. Die betroffenen Gemeinden konnten selbst darüber entscheiden. Sie haben sich also an mich gewandt und mich gebeten, als Zeugin für sie aufzutreten. Ich habe an einem Verfahren teilgenommen, in dem sehr sorgfältig anhand von Karten das Vorhaben des Unternehmens unter die Lupe genommen wurde. Nach drei Tagen Diskussion haben die Stämme gesagt: »Wenn wir zustimmen, dass hier ein Stahlwerk errichtet wird, dann bekommen wir viel Geld. Aber wir werden unsere Wälder verlieren, unsere Häuser, unsere Felder, unsere Erinnerungen, unsere Vorfahren und unsere Kultur. Wir werden als Flüchtlinge in die großen Städte ziehen und zu Außenseitern werden. Wir wollen aber hierbleiben. Wir geben unser Land nicht auf!« Sie haben das Vorhaben also abgelehnt.

Diese Freiheit der Stämme hatte nicht lange Bestand: Kurze Zeit darauf wurde ich wieder als Zeugin und Sachverständige für ein anderes Stahlwerkprojekt berufen, aber wir wurden schon auf dem Weg dorthin aufgehalten. Der Polizeichef persönlich erschien, angeblich um uns zu eskortieren, und ich sagte ihm: »Heißt das, dass Sie uns verhaften wollen?« Er hat mir geantwortet: »Nein, keineswegs, es geht darum, ihr Leben zu schützen.« »Wenn unser Leben in Gefahr ist, warum verhaften Sie dann nicht die

Leute, die es bedrohen?«, erwiderte ich. Man hat uns den Zugang zum Dorf verweigert. Nachdem die Regierung so dafür gesorgt hatte, dass es keine Zeugen gab, hat sie die ablehnende Haltung der Bevölkerung glatt geleugnet. Daraufhin sind zehntausende Einwohner auf die Barrikaden gegangen und haben gerufen: »Ihr missachtet unsere Verfassung und unsere demokratischen Rechte!« Viele wurden verhaftet – auch Frauen, die Kinder bei sich hatten. Selbst ältere Menschen wurden ins Gefängnis geworfen. Als der Regierung und den Unternehmen klar wurde, dass die Stämme nicht so leicht in die Ausbeutung ihrer natürlichen Ressourcen einwilligen wollten, wurden immer mehr Polizeikräfte in diese Region geschickt. Da wurde mir klar, dass Indien auf dem besten Weg war, ein Staat zu werden, der im Dienst der Konzerne seine Polizei und seine Armee aufmarschieren lässt.

Je weiter man die Stämme aber in die Enge trieb, desto aktiver wurde eine Gruppe von Widerstandskämpfern, die Naxaliten, in dieser Region. Die maoistische Bewegung der Naxaliten gibt es seit 1967. Sie ist vor allem in jenen Gebieten aktiv, die aufgrund ihrer Bodenschätze begehrt sind. Ihre Kämpfer finden bei der Bevölkerung auf dem Land Unterschlupf. Ein wesentlicher Faktor ihres Erfolgs ist der Zorn der ärmsten Bevölkerungsgruppen Indiens, die massiv ausgebeutet werden. Dass die Naxaliten sich so lange gehalten haben, liegt am Rückhalt, den sie bei den Bauern haben, und der Unfähigkeit der Behörden, Reformen einzuleiten, die deren Los verbessern. Die von der Gesellschaft vergessenen Menschen sehen, dass ihre kargen Besitztümer, ihre mageren Ersparnisse, kurz, ihr Überleben durch die Unternehmen bedroht ist. Diese Unternehmen sind angesichts der aberwitzigen Fixierung Indiens auf Wirtschaftswachstum zu allem bereit, wenn es gilt, sich die Bodenschätze des Landes unter den Nagel zu reißen.[6] Heute sind die Naxaliten in einem Drittel von Indien präsent und ihr Einfluss steigt und steigt. In den vergangenen zehn Jahren ist das Ausmaß der Gewalt deutlich gestiegen und Premierminister Manmohan Singh hat die Naxaliten 2006 gar als »die größte Bedrohung für die innere Sicherheit des Landes« bezeichnet.

Die Provinzen Zentralindiens befinden sich bis heute in einem schweren Konflikt, der vom Rest der Welt viel zu wenig beachtet wird. Er hat zwischen 2005 und 2012 6000 Menschenleben gefordert. Die Welle der Gewalt brach im Jahr 2005 los, als eine Miliz aufgestellt wurde, um ein für alle Mal mit den Naxaliten aufzuräumen. Diese Miliz hat schlimm gewütet, Häuser und ganze Dörfer in Brand gesteckt. Angeblich soll es sich dabei um eine spontane Erhebung der Stämme gegen die Maoisten gehandelt haben, aber uns blieb nicht verborgen, dass die Gewaltwelle direkt vom indischen Staat ausging, und zwar unter Druck der Industrie. Angesichts der Maoisten, die sich unter die Bevölkerung mischten, verlegten sich die Regierungsverantwortlichen darauf, die Häuser und Dörfer mutmaßlicher Unterstützer zu zerstören, die angeblich den Rebellen Nahrung, Unterschlupf und Unterstützung gewährten. Parallel dazu hat der Staat in einer offiziellen Operation unter dem Namen »Green Hunt« innerhalb weniger Jahre mehr als 50.000 Soldaten in dieser Region aufmarschieren lassen. Offiziell sollen sie Maoisten bekämpfen, doch das wahre Ziel dieses Guerillakriegs ist es, der Bergbauindustrie den Weg zu ebnen. Die »Operation Green Hunt« hat zu schrecklichen Szenen geführt: Folter, Beschuss von Stammesangehörigen aus Hubschraubern am Rand ihrer Dörfer, Lager mit Tausenden Flüchtlingen[7] ... Offiziell endete die Aktion 2010, aber der Konflikt dauert immer noch an.

Der Staat schürt ihn immer weiter, um in diesem Gebiet nach Gutdünken verfahren und die Bevölkerung enteignen zu können.

Um dieser Brutalität etwas entgegenzusetzen, haben wir die Abhaltung eines unabhängigen Bürgertribunals beschlossen, um dem Landraub, der Ausplünderung der Ressourcen und der »Operation Green Hunt« den Prozess zu machen. Diese Initiative steht in der Tradition der Bürgertribunale gegen die Weltbank und den Internationalen Währungsfonds 1988 in Berlin, des internationalen Tribunals der Völker über die Schulden 2002 in Porto Alegre und des Tribunals gegen die Weltbank 2007 in Indien. Dabei geht es vor allem um die Herstellung von Öffentlichkeit, nicht um juristische Konsequenzen – obwohl die Teilnehmer natürlich tatsächlich Opfer der Ereignisse sind, denen echte Menschenrechtsanwälte und bedeutende Persönlichkeiten des politischen Lebens zur Seite stehen, und sämtliche Rollen eines echten Prozesses besetzt sind. Kurz, es ist ein von der Zivilgesellschaft organisierter Prozess, um das Versagen der Justiz bei der Bestrafung der Schuldigen aufzuzeigen. Wir wollen damit eine öffentliche Wahrnehmung erreichen, die dem Ausmaß dieser grausamen Gewalttaten gerecht wird. Das Publikum gibt den verzweifelten Menschen Gelegenheit, ihre Erlebnisse zu schildern und Gehör zu finden.[8] Vertreter der Stämme konnten vor hohen Beamten und politischen Persönlichkeiten, die die Rolle von Geschworenen übernahmen, Zeugnis ablegen. Viele prominente Persönlichkeiten erschienen, darunter Bianca Jagger[9] und Arundhati Roy,[10] und am Ende blieb den indischen Medien gar nichts anderes übrig, als breit darüber zu berichten. Die Schilderungen willkürlicher Festnahmen, von Gefängnisaufenthalten, der Ermordung von Journalisten, abgebrannten Dörfern und Folterungen gingen einem unter die Haut. Was die Teilnehmer besonders erstaunte, war aber, wie sehr das Muster dieser Gewalttaten über weit voneinander entfernte Gebiete stets gleich blieb. Der Verhandlungssaal war zum Bersten gefüllt, aber das Publikum blieb während des drei Tage dauernden Prozesses wie angenagelt auf den Sitzen. Die Schilderungen lösten bei den Indern so große Empörung aus, dass die Regierung die Operation »Green Hunt« schließlich beenden musste.

Diese traurige Geschichte Zentralindiens ist nur ein Beispiel des Einsatzes von staatlicher Gewalt zur Aneignung von Rohstoffen, der sich in der einen oder anderen Weise überall auf der Welt beobachten lässt. Dieser Landraub betrifft insbesondere die Länder des Südens und dort vor allem die Bauern in den ärmsten Ländern. Ein Bericht der FAO unter dem Titel *Landraub oder Gelegenheit für Entwicklung?*[11] zeigt, dass sich Investoren in Afrika auf diese Weise bereits zwei Millionen Hektar Land angeeignet haben. Sehr stark betroffen ist beispielsweise Äthiopien. Also bin ich dorthin gereist. Die Menschen vor Ort waren offenbar den Argumenten der Finanzlobby auf den Leim gegangen: Stadtbewohner erklärten mir, dass diese Flächen brach liegen würden und die Äthiopier dringend ihre rückständige Landwirtschaft voranbringen müssten. Auch in Äthiopien machten sich die Investoren zunutze, dass das Gewohnheitsrecht, das die Besitzverhältnisse für die einzelnen Parzellen regelt, keine schriftlichen Aufzeichnungen kennt. In den Augen der Investoren befindet sich das Land nicht in Privatbesitz und sie glauben, sie könnten es einfach von offizieller Seite kaufen, anders ausgedrückt, sich ganz legal über uralte Besitzrechte hinwegsetzen. In diesem Punkt herrscht erstaunliche Einigkeit zwischen den Kolonialisten früherer Zeiten und den jetzigen. Heute wie damals richten diese Eindringlinge Schlimmes an. Die Gemeinschaften vor

Ort leben seit Generationen von dem beanspruchten Land. Ihre ganze Identität, sowohl als Gruppe wie als Individuen, ist dort im Boden verwurzelt.

Der Mythos der Arbeitsplatzbeschaffung

Neben dem Einsatz staatlicher Gewalt wird oft auch das Argument eingesetzt, die multinationalen Konzerne brächten dringend benötigte Arbeitsplätze in die Region, die sie sich aneignen. Allein schon der Ausdruck »Arbeitsplätze schaffen« ist aber eine Irreführung. Er hängt an der Vorstellung, dass man seine Arbeit von jemand anderem erhält. In ländlichen Gebieten wie Zentralindien sind die Menschen jedoch autonom und haben von sich aus Arbeit. Die Stämme, die von ihrem Land leben, sind nicht arbeitslos. 75 Prozent der Inder bebauen ihr Land auf eigene Rechnung.[12] Wenn man PepsiCo freie Hand lässt, dann vergibt das Unternehmen vielleicht Arbeitsverträge an 5000 Bauern, aber Millionen verlieren die Grundlage ihrer Existenz. Wir sollten also in der Logik von kreativer Arbeit, nicht in der von Arbeitsplätzen denken. Denn letztere übersieht die kleinen Bauern und fokussiert sich zu sehr auf die »Arbeitsplätze« der Unternehmen, was geradewegs zur Privatisierung der Ressourcen führt, die nur den Konzernen nützt. Genau das will die Weltbank fördern, wenn sie die Schaffung eines Markts für Wasser in Indien in Form von Lizenzvergaben fordert. Die Privatisierung des Zugangs zu Wasser beruht im Grunde auf der Annahme, dass sein Verbrauch weder durch ökologische noch soziale Folgen beschränkt sein soll. Diese Art von Markt begünstigt den Höchstbietenden und raubt den Kleinbauern ihr Wasser, um es den Großverbrauchern, also den Reichen und den internationalen Konzernen zu übereignen. Die können dieses Wasser bedenkenlos bis zum letzten Tropfen verbrauchen, für sie erschöpft sich diese Ressource nie, weil sie ja immer neue Rechte kaufen können. Die Folgen sind die Zerstörung des Lebenszusammenhangs der Bauern und gesellschaftliche Katastrophen, wie man sie in Somalia beobachten kann. Die Privatisierung ist eines der Probleme, die das Land im Namen des freien Unternehmertums in eine tiefe Krise gestürzt haben.

Aber es gibt noch Schlimmeres: Die Ultraliberalen, nach deren Ideologie Privatisierung durch keinerlei Umweltbedenken aufgehalten werden darf, zögern nicht, ihre Raubzüge gegen die Ressourcen auch noch als Verteidigung der Umwelt zu bemänteln. So wird der Aufkauf von Wasser und Land leider häufig unter pseudogrünen Vorwänden betrieben. Die Weltbank beispielsweise geht davon aus, dass Bauern ihre Ländereien vernachlässigen, wenn sie keine Besitztitel oder andere verhandelbaren Besitzrechte vorweisen können. Mit anderen Worten, man unterstellt den Bauern, ihr Land verkommen zu lassen, weil sie keine offiziellen Papiere dafür haben. Angeblich sind sie dann auch nicht an langfristigen Maßnahmen interessiert, die etwa der Erhaltung der Bodenfruchtbarkeit dienen. Doch es gibt exzellente Beispiele dafür, dass Böden gepflegt werden und ertragreich bleiben – etwa in der Terrassenkultur des Himalaya –, wenn die Gemeinden auf den unverbrüchlichen Bestand ihrer Gewohnheitsrechte vertrauen können. Bauern, die über viele Generationen nicht fürchten müssen, ihren Grund und Boden zu verlieren, kümmern sich mit einer Langzeitperspektive um ihr Land. Die Privatisierung der Ressourcen geht davon aus, dass man allem erst einen Preis geben muss, bevor es einen Wert hat.

Die Europäer sind mit ihrer eigenen Krise beschäftigt und sehen Indien als prosperierendes Land mit hohem Wirtschaftswachstum. In Wahrheit geht es den Menschen und der Umwelt in Indien viel schlechter als in Europa, insbesondere weil die Ressourcen des Subkontinents direkt bedroht sind. Europa muss begreifen, dass es vor allem unter den Privilegien leidet, die es sich selbst geschaffen hat, zum Beispiel seinem Lebensstandard. Europa produziert praktisch nichts. Das meiste von dem, was es dort zu kaufen gibt, wurde in China unter Verwendung indischer Ressourcen (Stahl, Eisen, Baumwolle usw.) hergestellt, es stammt aus den Konfliktzonen und ländlichen Gebieten, in denen sich unzählige Bauern das Leben nehmen. Die europäischen Konsumenten müssen wissen, dass die Gewalt, die um die Rohstoffe entbrannt ist, auch unsere Demokratie in Gefahr bringt. Ich fürchte, dass sich die Situation in Indien noch verschlimmern wird, entgegen allem Optimismus, den man in den 1990er-Jahren hegte. Der Frieden in Indien hängt zum Teil davon ab, ob es dem Westen gelingt, seine Wirtschaft wieder in auf sein eigenes Gebiet zurückzuholen. Die lokalen Arbeitnehmer müssen von Ressourcen aus ihrer Nähe leben und die Bedürfnisse in ihrer Umgebung befriedigen. Das würde Europa aus der Krise helfen und uns den Druck nehmen.

KAPITEL 3

Befreit das Saatgut!

Traditionelles Saatgut ist das Ergebnis von Jahrmillionen der Evolution und Jahrtausenden der Selektion durch Bauern. Folglich ist es der Arbeit von Landwirten zu verdanken und nicht der Tätigkeit von Saatgutkonzernen. Es birgt die Intelligenz der Natur und die Kultur verschiedener Gemeinschaften. So haben die Bauern Zentralamerikas tausende Sorten Mais entwickelt, die alle auf die Entdeckung einer einzigen Wildpflanze zurückgehen. Ebenso haben in Indien Landwirte zehntausende Reissorten aus einer einzigen Wildsorte gezüchtet.

Die Rolle der Landwirte, die traditionelles Saatgut einsetzen, ist zentral für dessen Entstehen und Fortbestehen. Aufmerksame Selektion und Vermehrung zur Erzeugung ertragreichen Saatguts sind von enormer Wichtigkeit für das Überleben der Samen. Die Qualität des Saatguts, das Bauern erzeugen, entscheidet über eine gute Ernte und eine nährstoffreiche Ernährung. Solches Saatgut bis zur Aussaat im nächsten Jahr aufzubewahren ist daher ihre größte Sorge. Das bestmögliche Saatgut zu erhalten ist ihr vorrangiges Ziel. Auf diese Weise wird die Saat immer wieder ausgesät, sei es in der Natur oder durch die Arbeit der Bauern. Dieser Vorgang trägt zur Biodiversität, zur Lebensmittelqualität und natürlich zur Resilienz bei. Die Rolle der Landwirte als Züchter fördert auch den Zusammenhalt: Keiner kann diese Arbeit nur zum eigenen Vorteil tun. Folglich sind die Bauern voneinander abhängig und arbeiten in enger Verbindung mit der Natur.

Im Gegensatz zu diesem traditionellen, über Jahrhunderte perfektionierten Saatgut zeichnet sich Hybridsaatgut dadurch aus, dass es sich nicht über Generationen hinweg hält. Ab der zweiten Generation kann es nicht mehr vermehrt werden: Bei der ersten Vermehrung ist es stabil und homogen, wenn man aber danach versucht, es zu vermehren, zeigt es Degenerationserscheinungen. Die Kreuzungsmethoden der Saatguthersteller schaffen vorsätzlich völlig instabile Sorten (die in nachfolgenden Generationen nichtidentisch mit den Vorgängerpflanzen sind). Weil keine Vermehrung möglich ist, müssen die Bauern Jahr für Jahr neues Saatgut kaufen. Die Industrie prahlt damit, dies schaffe einen »gebundenen Markt«, dem die Bauern nicht entkommen können. Seither ist Saatgut zu einem Industrieprodukt geworden, das nichts mehr mit der praktischen Arbeit der Bauern zu tun hat.

Aus meiner Sicht sind Hybride einfach kein echtes Saatgut. Die Industrie hat ein Konzept des Saatguts entwickelt, das im schroffen Gegensatz zu dem steht, was ich gerade bei der Definition traditionellen Saatguts beschrieben habe. Standardisierung ist eine der beiden Hauptsäulen ihres Vorgehens. Um Größenvorteile zu erzielen und ihre Rentabilität zu steigern, müssen Konzerne dasselbe Saatgut weltweit verkaufen und somit dieselben Produktionsmethoden mit denselben Pflanzenschutzmitteln, denselben Pestiziden, denselben Herbiziden einsetzen. Im Zentrum der Strategie der Saatgutkonzerne steht Uniformität. Hinzu gesellt sich Sterilität: Zu verhindern, dass Bauern das eigene Saatgut aufbewahren, ist die zweite Komponente ihres Geschäftsmodells.

Unter diesen Gesichtspunkten mag es verwundern, dass Bauern überhaupt je auf Hybridsaatgut umgestiegen sind. Um das zu erklären, möchte ich auf einen konkreten Fall aus Indien zurückgreifen. Hier war der Hauptgrund, warum Bauern auf Hybride (und später auf GVO) setzten, eine Kombination aus Regierungspolitik und aggressivem Marketing der Agrochemiebranche. Zunächst erließ der Staat Gesetze, die Uniformität förderten und Biodiversität als Ursache von Krankheiten ansahen, die es zu behandeln galt. Hybridsaatgut wurde also nicht allein durch den Markt eingeführt. Es war nicht so, als hätten Landwirte gesagt: »Ich entscheide mich, mein Saatgut aufzugeben und Hybride zu kaufen.« In Wirklichkeit setzte die Regierung im Rahmen einer Politik der Grünen Revolution ein umfangreiches Saatgutprogramm um.[1] Der Staat investierte dabei hohe Summen, um die Bauern mit neuem Saatgut zu versorgen, was zunächst die Ernährungssicherheit garantieren sollte. Das ursprünglich ausgewählte Saatgut war vor allem darauf getrimmt, die Chemikalien zu vertragen, die auf den Feldern ausgebracht wurden. Es konnte noch vermehrt werden, aber darum kümmerte sich der Staat. Später kaufte die Regierung Hybridsaatgut von den Saatgutkonzernen und verteilte es an die Bauern. Der Staat kam für die Hälfte der Kosten auf, die andere Hälfte bezahlten die Bauern. Die Landwirte, die wegen dieser Subventionen aufgehört hatten, eigenes Saatgut zu erzeugen, waren bereits Gefangene des Systems. Traditionelles Saatgut verschwindet nämlich schnell: Wenn man nur für eine Saison aufhört, eigenes Saatgut zu gewinnen, hat man ein Jahr später gar nichts mehr! Jeder dachte, er könnte von seinen Nachbarn, einem Onkel oder Freunden aus einem anderen Dorf noch samenfestes Saatgut bekommen … Aber niemand hatte etwas aufbewahrt. Nach zwei, drei

Jahren hörte die Regierung auf, die Landwirte mit Saatgut zu versorgen. Sie stieg aus dem System aus und überließ es den Bauern, mit den Konzernen zu verhandeln. Ehe sie es sich versahen, waren die Bauern von den Saatgutkonzernen abhängig und gezwungen, viel Geld für Hybridsorten auszugeben.

Einige Jahre zuvor hatten die indische Regierung und die Saatgutkonzerne gemeinsam eine groß angelegte Kampagne namens »Austausch des Saatguts« gestartet, die sich eines sehr ernsthaften wissenschaftlichen Stils bediente. Das samenfeste Saatgut wurde darin als »primitiv, überholt, rückständig« bezeichnet und man drängte die Bauern, stattdessen »modernes« Saatgut von »hoher Qualität« zu verwenden. Wer dieser Rhetorik misstrauisch begegnete, wurde zusätzlich mit einer Zahlung von 500 Rupien geködert. Nicht nur nahmen die meisten das Geld an, sie erzählten die gute Nachricht auch ihren Nachbarn.

Der Ersatz des Saatguts wäre 2004 beinahe in Gesetzesform gegossen worden: Das gesamte traditionelle Saatgut hätte dann ersetzt werden müssen. Die Politiker wollten absolut standardisiertes Saatgut zwangsverordnen und alles, was aus der Biodiversität abgeleitet ist, verbieten. Wir haben damals dagegen gekämpft und 2004 die Verabschiedung des Gesetzes verhindert. Bei einer Analyse der Regierungsprogramme und ihrer Ziele fiel uns auf, dass der Staat den Erfolg eines landwirtschaftlichen Betriebs nicht anhand der Erträge maß, sondern an dem Prozentsatz, zu dem traditionelles Saatgut ersetzt worden war. Wer 90 Prozent ersetzt hatte, wurde höher bewertet als jemand, der bei 80 Prozent Schluss machte. Also organisierten wir im ganzen Land eine Bewegung zivilen Ungehorsams und passiven Widerstands, bei dem sich die Bauern weigerten, ihr Saatgut auszutauschen. Außerdem sammelten wir 100.000

Unterschriften. Ich legte sie dem Premierminister vor und erklärte ihm, Gandhi hätte dieses Saatgutgesetz ebenso wenig befolgt wie einst das Salzmonopol. Wir würden auf keinen Fall klein beigeben. War es denn nicht unsere Pflicht, die Artenvielfalt zu schützen?

Hybridsaatgut und genverändertes Saatgut

Seit der Einführung der Hybride ist das Risiko für Ernteausfälle erheblich gestiegen. Hybridmais hat zum Beispiel im Bundesstaat Bihar zu Verlusten von mehreren Milliarden Rupien geführt. Auch der von Regierungsprogrammen ausgewählte Reis hat im Bundesstaat Jharkhand sehr schlechte Ernten gebracht. Bauern, die infolge solcher Katastrophen auf andere Hybridsorten zurückgreifen wollen, wissen oft nicht, dass diese von derselben Firma stammen. Die multinationalen Konzerne gehen Partnerschaften mit indischen Unternehmen ein, sodass man nicht erkennen kann, ob man dasselbe Saatgut kauft wie im vergangenen Jahr. Dasselbe gilt für genverändertes Saatgut: Monsanto (inzwischen Teil von Bayer)[2] verbirgt sich hinter Untermarken, die ein und dasselbe Saatgut an Bauern verkaufen, die eigentlich die Marke wechseln wollen.

Inzwischen haben viele Landwirte von Hybridsaatgut auf genverändertes Saatgut umgestellt. Im Gegensatz zu Hybriden enthält genverändertes Saatgut Gene von anderen Spezies. Das bringt auch eine rechtliche Unterscheidung mit sich: Hybridsaatgut braucht nicht patentiert zu werden, weil es nicht vermehrt werden kann. Gentechnisch veränderte Organismen (GVO) hingegen errichten eine rechtliche Barriere, die die Saatgutgewinnung verbietet.

Die Logik hinter dem Einsatz von GVO beruht auf dem Prinzip, dass jedes Gen in einer Pflanze eine bestimmte Aufgabe erfüllt. Indem man Gene hinzufügt oder entfernt, soll eine Pflanze zum Beispiel die Anwendung eines Herbizids vertragen, das die Unkräuter in der Umgebung vernichtet, ohne selbst zu sterben. Aber die Natur lässt solche Abgrenzungen nicht zu. In Wirklichkeit arbeiten die Gene einvernehmlich zusammen. Die Resilienz oder Widerstandskraft einer Pflanze ist nicht an ein einzelnes Gen gebunden, und dasselbe gilt für ihren Ertrag, den Geschmack oder die schlussendliche Qualität des Produkts. Demnach lässt sich die eigentliche Natur des Saatguts und folglich der Lebensmittel nicht technisch verändern, ausbeuten oder fälschen.

Bei der Umstellung der Bauern auf GVO hat die Werbung durch die großen Saatgutkonzerne eine enorme und entscheidende Rolle gespielt. Monsanto hat den Bauern eingeredet, sie würden mit GVO sehr hohe Erträge erzielen. Sie beschworen jedes nur denkbare Idol, um von der Gutgläubigkeit der Bauern zu profitieren, die von anderer Stelle keine Informationen erhielten; sie gingen sogar so weit, die Namen unserer Götter zu verwenden. Überdies waren viele Bauern bereits vor der Einführung der GVO schon in einem Teufelskreis gefangen, der mit der staatlichen Förderung der Intensivlandwirtschaft begonnen hatte: Man hatte ihnen geraten, beim Anbau ihres traditionellen Saatguts, das sie seit Jahrtausenden gezüchtet hatten, Chemikalien einzusetzen. Die Pflanzen wuchsen zwar zunächst sehr schnell, wurden später aber schwach und starben ab, was zu riesigen Verlusten führte. Besonders betroffen waren Reis und Weizen im Punjab. Nach diesen Erfahrungen ersetzten die Bauern ihr Saatgut durch gentechnisch veränderte sogenannte »Hochertragssorten«, die die Anwendung von Pestiziden vertrugen.

Bei der Baumwollerzeugung hatte die Ausbreitung von GVO noch weniger mit der angeblichen Zufriedenheit der Bauern zu tun – ihnen wurde einfach keine andere Wahl gelassen. Die Politik der Regierung hatte zur völligen Vernichtung des einheimischen Saatguts geführt und das gesamte Saatgut Indiens befand sich nun in der Hand eines einzigen multinationalen Konzerns: Monsanto. Wenn die Landwirte Saatgut für Bt-Baumwolle kauften, dann deshalb, weil nur Bt-Baumwolle auf dem Markt war. Viele wussten jedoch nicht, dass dieses Saatgut nicht vermehrt werden durfte oder dass es unter den auf ihrem Betrieb herrschenden Bedingungen (Boden, Niederschlagsmengen usw.) nicht gut gedieh.

Auf der ganzen Welt, in den Vereinigten Staaten, Europa und anderswo sind Saatgutproduzenten auf der Welle von Standardisierung und Bequemlichkeit geritten. Die Erzeugung von Saatgut wurde als Belastung für die Bauern hingestellt, als zusätzliche Aufgabe, die ihnen von Forschungslaboratorien abgenommen wird, die »hochmodernes« Saatgut liefern. So hat die Arbeit der Saatgutgewinnung ihren Sinn verloren und die Bauern wurden zu »Konsumenten«. Sie fanden es professioneller, Saatgut zu kaufen, als es selbst zu erzeugen. Diese neue Rolle für Landwirte ist Teil eines umfassenderen kulturellen Wandels, dessen Symbol Fast Food ist. Sobald man uns eine vorgefertigte Mahlzeit anbietet, begleitet von rechtfertigenden Ausreden, siegt die Bequemlichkeit. Ähnliches gilt, wenn Bauern die umsichtige Arbeit des Aufbewahrens und Vermehrens des eigenen Saatguts, die sowohl eine Kunst als auch eine hochentwickelte Technik ist, aufgeben. Dann verlieren sie teilweise die Verbindung zur Natur und unmerklich geht damit auch ein Sinnverlust einher.

Wundermittel gegen den Welthunger?

Unglücklicherweise trifft auch das Argument, gentechnisch veränderte Sorten seien ergiebiger und daher besser dazu geeignet, den Welthunger zu stillen, für keine Kulturpflanze und nirgends auf der Welt zu. Dieser blinde Aberglaube ist sehr schädlich für die öffentliche Wahrnehmung, weil er suggeriert, es gebe eine Patentlösung für die Ernährung der Weltbevölkerung. Der Weltagrarbericht (International Assessment of Agricultural Knowledge, Science and Technology for Development, IAASTD),[3] der von den Vereinten Nationen in Auftrag gegeben und über einen Zeitraum von vier Jahren von vierhundert Forschern erstellt wurde, hat unmissverständlich festgestellt, dass der Einsatz von GVO das Problem der künftigen Ernährungssicherheit nicht lösen wird. Es handelt sich um die ambitionierteste Studie, die bisher zu dem Thema durchgeführt wurde. Sie untermauert die Tatsache, dass diese Technologie ineffizient und unnötig ist, und zwar aus einem einfachen Grund: Sie lässt die Komplexität und die inneren Vorgänge lebendiger Organismen außer Acht. Das Prinzip hinter der gentechnisch veränderten Landwirtschaft ist die Annahme, dass einzelne Gene isoliert agieren und allein die Gesundheit einer Pflanze oder den Ertrag einer Feldfrucht ausmachen können. Aber Gene stehen miteinander in Wechselwirkung und haben keine klar abgrenzbare Aufgabe. Zudem gibt es viele andere Faktoren, die zum Ernteerfolg beitragen: Sonnenstunden, Niederschlagsmengen, Bodenfruchtbarkeit und so weiter.

Es liegt auf der Hand, dass Afrika der erste Markt wäre, den es zu erobern gilt, wenn die Industrie genveränderte Pflanzen hätte, die tatsächlich die Welt ernähren könnten. Auf meinen Reisen durch mehrere afrikanische Länder stellte ich jedoch erstaunt fest, dass den dortigen

Bauern lediglich Baumwolle als genverändertes Saatgut angeboten wird, eine der wichtigsten Exportkulturen. Nach zwanzigjähriger Entwicklung und enormen Summen, die in die Forschung investiert wurden, hat Monsanto den Afrikanern nichts anzubieten außer Baumwolle. Ist das nicht seltsam für einen Sektor, der behauptet, den Welthunger bekämpfen zu wollen? Afrikaner brauchen diese Exportkultur nicht, vielmehr benötigen sie Lebensmittel und die Rückgewinnung ihrer Ernährungssouveränität durch kostenloses, selbst gewonnenes Saatgut.

Gentechnisch verändertes Saatgut wird nun seit zwei Jahrzehnten vermarktet und es zeigt sich, dass die Mehrzahl der gentechnischen Veränderungen lediglich zwei Eigenschaften betreffen: Einige Pflanzen sind auf Herbizidresistenz getrimmt und andere auf Schädlingskontrolle (Bt-Saatgut). Die ersteren produzieren eine Substanz, die die Pflanze vor Chemikalien schützt, die Beikräuter, die sogenannten Unkräuter, vernichten sollen. Bei letzteren enthält die Pflanze selbst Pestizide zur Tötung von Insekten. Inzwischen wissen wir, dass beide Eigenschaften ihren Zweck nicht erfüllen. Bt-Saatgut fördert letztlich das Entstehen von Parasiten, die noch schwerer zu bekämpfen sind als zuvor. Saatgut, das gegen Herbizide vom Typ Roundup resistent ist und deshalb als »Roundup Ready« vermarktet wird, sorgt hingegen für die Entwicklung noch hartnäckigerer Unkräuter.

Auch Monsanto ist nicht entgangen, dass sich Unkraut an Herbizide anpasst und widerstandsfähiger und sogar noch kräftiger wird. Als Reaktion darauf hat die Firma, die 95 Prozent des GV-Saatgut-Markts kontrolliert, eine zweite Generation auf den Markt gebracht, Roundup Ready II, die noch herbizidresistenter sein soll. Aber auch diese Technologie hat nicht die gewünschten Ergebnisse geliefert. Ihren wahren Zweck erfüllt sie aber durchaus: Die Schaffung eines gebundenen Markts (GVO-Nutzer müssen die Produkte kaufen, die zu dem von ihnen erworbenem Saatgut passen) und damit die Übernahme der Kontrolle über das Saatgut mittels Pflanzenschutzprodukten und Patenten.

In einer großen Studie, durchgeführt in den Vereinigten Staaten, wurden die Mais- und Sojasorten analysiert, die derzeit auf dem Markt sind.[4] Die Forscher stellten folgende Hypothese auf: Wenn GVO so leistungsfähig sind, wie von den Konzernen behauptet, sollten die Vereinigten Staaten viel besser dastehen als Europa, wo sie nicht zum Einsatz kommen. Folglich verglichen sie die offiziellen Daten, und in allen Kategorien (Effizienz, Produktion usw.) schlug sich Europa erheblich besser als die Vereinigten Staaten. Diese Ergebnisse überraschen nicht. Landwirte, die gentechnisch verändertes Saatgut nutzen, erleben Invasionen hochresistenter Unkräuter, die manchmal die Hälfte der Ackerflächen bedecken. Wie sollen unter diesen Umständen bessere Ernten eingefahren werden? Und wenn die Böden mit neuen Parasiten kontaminiert sind, wie können sie da höhere Erträge liefern? Das funktioniert nirgendwo auf der Welt. In Argentinien und Brasilien, Länder, die auf den Export von gentechnisch veränderten Sojabohnen angewiesen sind – um europäisches Vieh zu füttern –, fällt die Qualität der Erzeugnisse. Der Eiweißgehalt, eben jene Eigenschaft, die Züchter veranlasst, Soja zu kaufen, sinkt stetig. Die Daten zeigen, dass gentechnisch veränderte Pflanzen weit weniger Nährstoffe bieten als versprochen. Die Folge ist, dass die Sojaproduzenten für ihre Ernte im Vergleich zu früher nur noch den halben Preis erzielen. In diesem Hinblick ist der Ertrag auch schlicht kein hinreichendes Kriterium mehr dafür, wie gut die eingefahrene

Ernte Hunger stillen kann. Denn was sagt die erzeugte Menge einer nährstoffarmen, buchstäblich »leeren« Pflanze aus? Es kommt schließlich auch auf den Nährstoffgehalt und die Gesundheit der Pflanze an.

Aber auch bei Pflanzen, die nicht der Ernährung dienen, sind GVOs keine Heilsbringer. Die Erträge indischer Baumwolle beispielsweise waren vor der Einführung von GV-Baumwolle auf einem hohen Niveau, seither nicht mehr. Bt-Baumwolle hat für einen Rückgang der Erträge gesorgt, was auch den Forschungsinstituten der Regierung nicht entgangen ist. Warum? Ganz einfach, weil GVO die inneren Funktionen einer Pflanze zerstört, die für Wachstum und Gesundheit zuständig sind. Bt-Toxine, die den Boden durchdringen, töten die Mikroorganismen, die in der Erde leben. Pflanzen, denen eine Resistenz gegen Pestizide eingebaut wurde, schwächen das Ökosystem, das dann die Gesundheit der Pflanze nicht mehr wie zuvor schützen kann. Jedem, der über gesunden Menschenverstand verfügt, sollte das klar sein.

Landwirtschaftliche Biodiversität versus Standardisierung

Die Ernährungs- und Landwirtschaftsorganisation der Vereinten Nationen (FAO) schätzt, dass in den letzten hundert Jahren rund drei Viertel der landwirtschaftlichen Biodiversität verschwunden sind. Davon ist keine Spezies gefeit: Wenn man eine Pflanze auf großen Flächen anbaut, also intensive Monokultur betreibt, dann leidet die gesamte Artenvielfalt rundherum. Ein Beispiel ist der Mais: Auf dem amerikanischen Kontinent wurde er von den indigenen Einwohnern niemals allein angebaut. Er war stets Teil eines Trios, der sogenannten »drei Schwestern«: Mais, Bohnen und Kürbis, von denen jeweils verschiedene

Sorten kultiviert wurden. In den traditionellen Pueblos von New Mexico findet man noch heute tausende Kürbis- und Bohnensorten. Wenn man aber diese unglaubliche Artenvielfalt durch eine Monokultur ersetzt, die auf nicht samenfestem Saatgut beruht, bricht das gesamte System zusammen.

Nun darf man aber nicht vergessen, dass die Forderung nach Uniformität nicht allein von der Saatgutindustrie kommt. Der Vertriebssektor erhebt ebenfalls Forderungen, und zwar vor allem, um die Verarbeitung zu erleichtern. Der amerikanische Einzelhandelsriese Walmart akzeptiert zum Beispiel nur Äpfel einer bestimmten Größe. So habe ich eines Tages einen Anruf aus Südafrika erhalten: Walmart hatte die Lastwagen und Verpackungen gewechselt, und sie verlangten nun Äpfel einer anderen, dazu passenden Größe. Der Konzern erwartete von seinen Lieferanten, ihre Apfelbäume zu fällen und eine neue Sorte zu pflanzen, die dem neuen Unternehmensstandard entsprach. Warum? Weil diese neue Sorte leichter zu transportieren war. Landwirtschaftliche Methoden unterliegen häufig solchen logistischen Zwängen, die andere Kriterien wie Qualität, Geschmack oder Nährwert in den Hintergrund drängen. Die verarbeitende Industrie hat daher massiven Einfluss auf den Verlust der Biodiversität.

Nehmen Sie die indischen Kartoffeln, die ich bereits erwähnt habe: Rund zwanzig lokale Sorten, alle köstlich, gedeihen auf den Terrassenfeldern in den Ausläufern des Himalaya. Diese Kartoffeln halten sich oft ein ganzes Jahr, ohne dass man sie kühl lagern müsste. Aber trotz der landwirtschaftlichen Biodiversität und ihrer Vorteile sehen sich Bauern gezwungen, nur eine Sorte anzubauen, wenn sie ein Einkommen erzielen wollen: die Sorte, die vom Hauptabnehmer PepsiCo verlangt wird, weil der Konzern daraus seine Kartoffelchips der Marke Lay's herstellt. Pepsi verkauft auch die Saatkartoffeln an die Bauern. Die meisten Menschen ahnen nicht, dass Pepsi ein Gigant im indischen Handel mit Saatkartoffeln ist: 80 Prozent der angebauten Kartoffeln stammen aus einer Sorte, für die Pepsi Lizenzgebühren einsammelt. Neben Äpfeln und Kartoffeln gibt es noch viele weitere Beispiele. Wussten Sie, dass für Ketchup nur das Fruchtfleisch bestimmter Sorten verwendet wird? Auch hier mussten sich die Landwirte anpassen und die verlangten harten, geschmacklosen Sorten anbauen, um die enorme Nachfrage zu befriedigen. Folglich sind in bestimmten Regionen die schönen alten Sorten saftiger, süßer Tomaten komplett verschwunden.

Die gesellschaftlichen Folgen genveränderten Saatguts

Dass Landwirten die Freiheit genommen wird, das eigene Saatgut aufzubewahren, hat auch soziale Auswirkungen. Damit endet die historische Verantwortung der Landwirte, Saatgut zu gewinnen und zu kultivieren, und zwar mit ihren eigenen Methoden und wie sie es richtig finden. Sie sind auch nicht mehr in der Lage, ihre Ernte zu einem Preis zu verkaufen, der auf der Qualität ihrer Erzeugnisse beruht. Somit verlieren die Bauern ihre Saatgutsouveränität: Sie sind keine Saatguterzeuger mehr; sie müssen ihr Saatgut kaufen und die dementsprechenden intensiven Methoden anwenden. Dieser Zwang zur Anpassung an ein Produktionssystem gefährdet ihre Ernährungssouveränität.

Zu den sozialen Folgen gentechnisch veränderten Saatguts zählt außerdem die Verarmung der Landwirte: Das System basiert darauf, aus Bauern Konsumenten von sehr teurem Saatgut zu machen. Was einst kostenlos gewonnen und mit anderen Bauern geteilt wurde, ist zum Quell bedeutender Profite geworden. In Indien zeigen Erhebungen der Regierung, dass sich 75 Prozent der indischen Bauern verschulden, um ihre Produktionsmittel zu kaufen, darunter Saatgut und die für den Anbau benötigten Herbizide. Das zeigt, welche Ausmaße das durch industrielles Saatgut geschaffene Problem hat. Das Phänomen der Verarmung ist keine rein theoretische Hochrechnung: Für den Zeitraum von 1995 bis 2012 zeigen offizielle Statistiken, dass sich in Indien 284.694 Bauern das Leben genommen haben, um dieser ausweglosen Situation zu entrinnen.[5] Die Daten stammen aus der offiziellen indischen Kriminalstatistik des Indian National Crime Records Bureau, also aus der Polizeiabteilung des Innenministeriums. Von 1995 bis heute, und auch heuer wieder, sind diese Epidemie und damit diese Zahlen gewachsen. Sintflutartige Regenfälle sind auf die Felder niedergegangen, und dieses Saatgut ist nicht für unsere Wetterbedingungen gemacht. Starke Niederschläge und Dürren haben folglich das Problem verschärft. Es ist eine wahre Epidemie. Diese Tragödie betrifft ganz Indien, zu den meisten Selbsttötungen kommt es aber im »Baumwollgürtel«. Das Phänomen nahm in dieser Region ihren Anfang.

Die großen Konzerne behaupten, die Suizide unter Bauern hätten eine lange Geschichte infolge von Dürren und Regen, die in die Zeit vor dem Aufkommen von GVO-Saatgut zurückreicht. Das ist absolut falsch und die Zahlen beweisen es: Im Bundesstaat Maharashtra – einem Vorzeigegebiet des Baumwollanbaus – hat sich nach der Einführung von GVO-Baumwolle die Zahl der Selbsttötungen unter Landwirten laut Regierungsangaben mehr als verdreifacht, von 1083 im Jahr 1995 auf 3695 im Jahr 2002. Innerhalb dieses Bundesstaats hat die Region Vidarbha, das Epizentrum des Baumwollanbaus, besonders gelitten:

Die Zahl der Suizide ist dort von 52 im Jahr 2001 auf 148 in 2003, dann 447 in 2004 und schließlich 1248 in 2008 gestiegen. Im Jahr 2012 waren es nach offiziellen Angaben in dieser Region immer noch 927. In einem Memorandum an die betroffenen Staaten musste der 2012 amtierende Landwirtschaftsminister einräumen, dass ein Zusammenhang zwischen der Einführung von GVO-Baumwolle und der Suizidwelle besteht.[6]

In der Vergangenheit wäre es nicht vorgekommen, dass ein Landwirt wegen einer Dürre oder Überschwemmung seinem Leben ein Ende setzt. Die Bauern waren hinreichend unabhängig, um dem Schicksal die Stirn zu bieten. Sie waren widerstandsfähiger. Und wenn das Wetter nicht mitspielte, dann verließen sie ihre Felder und suchten sich kurzzeitig Arbeit in der Stadt, in den Fabriken, in den Webereien, in den Steinbrüchen oder anderswo. Sobald die Dürre vorüber war, kehrten sie in ihr Dorf zurück. Das war auch der Fall, als 1999 ein Zyklon im Bundesstaat Odisha wütete; sobald das Hochwasser zurückging, nahmen dort die Bauern, die dem Navdanya-Netzwerk angehören und Ökolandwirtschaft praktizieren, ihre Arbeit wieder auf. Sie wussten, dass Hochwasser ein vorübergehendes Phänomen ist und die Ernte im nächsten Jahr besser ausfallen wird. Das sieht ganz anders aus, wenn ein Bauer einen Kredit aufgenommen hat, um Saatgut zu kaufen. Die Schulden verfolgen ihn dann noch über ein schlechtes Jahr hinaus. Die Bauern sind sich vollkommen im Klaren, dass Banken und multinationale Konzerne ein System haben, Schulden einzutreiben, dem niemand entrinnt.

Auch während der Grünen Revolution in Indien waren die Bauern bereits verschuldet, aber diese Schulden wurden vom Staat verwaltet. Wenn die Last zu drückend wurde, demonstrierten zehntausende Bauern und forderten einen Schuldenerlass, und die Regierung strich ihre Schulden. Monsanto und andere Konzerne reagieren hingegen erbarmungslos und die Bauern wissen das nur zu gut. Wenn die Verkäufer von Pestiziden und GVO-Saatgut in den Dörfern kein Geld eintreiben können, dann eignen sie sich das Land der Bauern an und schwingen sich zu den wahren Herren auf. Im Grunde haben sie jeden Hof, der ihre Produkte kauft, schon halb in der Tasche. Dieses Phänomen schafft eine Art Konzernfeudalismus, mit dem alle negativen Aspekte des Feudalzeitalters wiederaufleben, ungeachtet der Gesetze, die derartige Herrschaftsstrukturen eigentlich verbieten.

Der Einfluss unserer Konsumentscheidungen

Diese Probleme sind nicht nur unsichtbar, sondern werden regelrecht verschleiert oder zumindest unterschätzt. Die in Europa geplante Saatgutverordnung ist unter diesem Aspekt sehr vielsagend: Es ist nicht länger von Saatgut die Rede, sondern von »pflanzlichem Vermehrungsmaterial«. Saatgut wird als primitiver Rohstoff angesehen. Nicht zugelassenes traditionelles Saatgut bezeichnet man nun als »Vorstufensaatgut«. Kurz gesagt, Industrie und Behörden wollten eine Unterscheidung zwischen »echtem Vermehrungsmaterial« und allem anderen einführen.

Das schlägt auf den Alltag der Verbraucher durch, wenn sie im Geschäft nicht mehr über zwanzig Apfelsorten vorfinden, sondern nur noch einige wenige. Die meisten Menschen haben vergessen, was für ein fundamentaler Zusammenhang zwischen Saatgut und Lebensmitteln besteht und dass Leben aus Samen hervorgeht. Aber was in der Saatgutfrage auf dem Spiel steht, ist nicht nur für westliche Verbraucher unsichtbar, das gilt zunehmend auch für die Länder des Südens.

Dasselbe gilt natürlich auch für landwirtschaftliche Erzeugnisse, die keine Lebensmittel sind. Kleidung ist ein gutes Beispiel: Viele Menschen entscheiden sich für T-Shirts aus Baumwolle statt aus Kunstfaser und glauben, damit das Richtige zu tun, indem sie ein Produkt aus einem erneuerbaren Rohmaterial und nicht aus Erdöl kaufen. Ihnen ist nicht klar, dass ihre Baumwollkleidung dann ziemlich sicher aus gentechnisch verändertem Saatgut stammt. In Indien trifft das auf 95 Prozent der erzeugten Baumwolle zu. Wenn ich also ein T-Shirt kaufe, sollte ich wissen, dass es höchstwahrscheinlich aus einer Zulieferkette stammt, die in Indien Bauern in den Suizid treibt. Verbraucher sollten sich auch klar machen, dass diese Fasern Gifte enthalten. Wie bei Lebensmitteln ist auch hier die Entscheidung für Bioprodukte – also Kleidung aus Biobaumwolle – ein positiver Schritt, den Verbraucher im Westen tun können, um die sozialen und ökologischen Folgen ihres Verhaltens zu mildern.

Der Beginn des Kampfs

Eine einzige Information hat mein Leben einst wahrlich auf den Kopf gestellt. Sie erreichte mich 1987 fernab der Zentren der Macht und der Medienkreise während eines Aufenthalts in dem kleinen französischen Dorf Bogève im Département Haute-Savoie. Dort nahm ich an einem Seminar teil, das von einer schwedischen Stiftung organisiert wurde. Hier kamen rund dreißig Teilnehmer aus neunzehn Ländern zusammen (Forscher, Vertreter von Wirtschaft und Verbänden usw.), um über die Auswirkungen der Biotechnologie auf Gesundheit und Umwelt in der Dritten Welt zu sprechen. Die Industrievertreter – denen man damals noch viel weniger Misstrauen entgegenbrachte als heute – skizzierten dort schamlos eine Strategie, genveränderte Organismen zu entwickeln und durch »Patente auf Leben« die Kontrolle über das Saatgut zu erlangen. Die Vertreter der Firmen kamen zu dem Schluss, sie seien für ein solches Projekt zu klein und zu zahlreich, und entwickelten daher einen Fusions- und Expansionsplan, der innerhalb von fünf Jahren zu fünf großen Firmengruppen führen sollte. Sie begriffen, dass die Firmen mit den meisten Patenten diesen Markt beherrschen würden.

Alles, was wir heute sehen, war also sorgfältig geplant, und zwar bis ins kleinste Detail, einschließlich der Gründung der Welthandelsorganisation (WTO), die ihre Interessen schützen sollte, und der Abkommen zur Kommerzialisierung geistigen Eigentums. Die Vorhersagen, die auf diesem Treffen gemacht wurden, haben sich allesamt bewahrheitet: Die Laboratorien haben sich zusammengeschlossen und Monsanto hat inzwischen fast alle Saatgutfirmen der Welt aufgekauft. An jenem Tag wurde mir klar, dass sich eine regelrechte Diktatur anschickte, die Kontrolle über alle Lebensformen zu übernehmen, und dass die kleinen Erzeuger direkt bedroht waren. Ihre althergebrachte Freiheit, ihr eigenes Saatgut zu erzeugen, zu tauschen und zu verkaufen, wurde angegriffen.

Schon auf dem Rückflug von Genf nach Neu-Delhi begann ich, die Strategie zu entwickeln, die ich nun seit mehr als 25 Jahren verfolge. Damals half mir ein einfaches Schaubild, meine Gedanken zu ordnen – ein Zeitstrahl mit drei Stadien: die industrielle Revolution, die menschliche Arbeit durch Maschinen ersetzte; die chemische Revolution während des Kriegs, die sich auf Industrie und Landwirtschaft ausbreitete; und zuletzt die dritte Revolution, die gerade anzufangen schien und sich nun das Leben selbst vornahm, das genetischen Manipulationen und Patentierungen unterworfen werden sollte.

Ich beschloss, all meine anderen Verpflichtungen abzugeben und mich ganz dieser Sache zu widmen. Für mich stand fest, dass die Bauern nicht daran gehindert werden dürfen, ihr eigenes Saatgut zu erzeugen, und schon gar nicht für etwas zahlen sollten, was die Erde ihnen völlig natürlich und kostenfrei gibt. Sobald ich zuhause eintraf, begann ich den Kampf zu organisieren. Ich reiste von Dorf zu Dorf, auf Pfaden und Straßen, um persönlich hunderte, schließlich tausende Saatgutsorten zu sammeln. Damit legte ich den Grundstein für ein Netzwerk von 120 Saatgutbanken, die inzwischen auf dem gesamten Subkontinent aktiv sind. Bei dem Projekt, das den kostenlosen Vertrieb und Tausch von Saatgut ermöglicht, geht es darum, die zahllosen lokalen Reis-, Weizen-, Gerste, Gemüse- und Heilpflanzensorten zu schützen und sie weiträumig in ganz Indien zu verteilen. Überdies haben die Bauern in diesem Netzwerk ein gemeinsames Interesse daran, Biolandwirtschaft zu betreiben und sich darüber zu informieren. So verbreiten sich diese Methoden so rasch wie das verteilte und ausgetauschte Saatgut. Seit dem Beginn unserer Antiglobalisierungsbewegung haben sich ähnliche Initiativen auf allen fünf Kontinenten gebildet.

Wir organisieren auch Großdemonstrationen: die »Saat-gut-Märsche«, gewaltlose Protestzüge, die häufig durch mehrere indische Bundesstaaten führen. In der Folge wuchs die Mobilisierung, bis wir wenige Jahre später, 1993, bereits 500.000 Demonstranten auf die Straße brachten. Diese Märsche und unsere Globalisierungskritik haben auch die Aufmerksamkeit auf den Wert regionaler Lebensmittel gelenkt. Subsistenzlandwirtschaft, die per se auf Vielfalt beruht – jede Region hat ihre spezifischen, bodenständigen Erzeugnisse – erlebt einen starken Zuwachs, was die Agrarindustrie mittlerweile mit Sorge beobachtet. Denn die

Saatgutkonzerne können noch so viele Patente und gentechnisch verändertes Saatgut haben, die Entwicklung der regionalen Landwirtschaft legt die Entscheidung für oder gegen industriell erzeugtes Essen wieder in die Hände der Bürger zurück.

Biopiraterie

Der Kern des Geschäftsmodells der Saatgutkonzerne ist die Patentierung. Patente stellen Saatgut auf eine Ebene mit menschlichen Erfindungen, für die Abgaben und Gebühren fällig werden. Im Jahr 2004 berechnete Monsanto 1650 bis 1800 Rupien (etwa 20 Euro) für ein Päckchen mit 450 Gramm gentechnisch verändertem Baumwollsaatgut. Traditionelles Saatgut bekommt man hingegen für 9 Rupien (etwa 10 Cent) pro Kilogramm. Der multinationale Konzern hat vor dem indischen Parlament offen zugegeben, dass die Lizenzgebühren für ein Päckchen von 450 Gramm 700 Rupien betragen, also fast die Hälfte des Preises, den die Bauern bezahlen. Angesichts der hohen Gebühren bleibt es nicht aus, dass sich die Bauern verschulden. Die NGO Navdanya verklagte daraufhin das Unternehmen vor einem Kartellgericht, das sich mit Monopolen und unzulässigen Wettbewerbseinschränkungen beschäftigt. Monsanto wurde gerichtlich gezwungen, die Preise zu senken. Das veranlasste den Bundesstaat Andhra Pradesh, ein Gesetz zur Regulierung der Preise zu erlassen. Heute aber führen wir wieder einen Prozess, weil Monsanto das Gesetz anficht. Das Unternehmen behauptet, die Regierung dürfe nicht in seine Preisgestaltung für Saatgut eingreifen, weil es hier überhaupt nicht um eine wirtschaftspolitische Frage gehe. Der Konzern erklärt, diese »Technologie« gehöre ihm, und kämpft für die Freiheit, dafür so viel zu verlangen, wie er will.

Monsanto verhält sich wie die Amerikaner im Vietnamkrieg. Henry Kissinger hatte bemerkt, dass der in Kollektiven angebaute Reis zentral für die nationale Einheit und ein Quell der Kraft für das Land war. Daher beschloss er, die Reiserzeugung um jeden Preis zu unterbinden, und wollte die Bevölkerung dazu bringen, Brot zu essen. Die Amerikaner versuchten also, den Reisanbau durch Weizen für Brot zu ersetzen. Kissinger sagte, Ernährung sei eine Waffe, und fügte hinzu: »Wer die Ernährung kontrolliert, kontrolliert die Bevölkerung.« Heute hat auch Monsanto eines verstanden: Wer das Saatgut kontrolliert, beherrscht die gesamte Lieferkette.

Die Patentierungsstrategie der Konzerne entspringt einer Obsession unserer Gesellschaft für Gesetze und Prozesse. Patente sind auf Individuen zugeschnitten. Daher sagen wir immer: »Das ist meins, das gehört mir« und so weiter. Und die Rechtsprechung erfolgt in diesem Rahmen der Aneignung, während das Prinzip der Verantwortung eigentlich zum Geben anregt. In meinem ganzen Leben, sei es mit meiner Familie, meinen Freunden oder Kollegen, in der Politik oder in der Natur, war ich stets überzeugt, dass uns nichts wirklich gehört.

Die Gefahr, die von der Saatgutpatentierung ausgeht, gilt übrigens genauso für die Landwirte des Globalen Nordens, die vorher schon nur noch selten Saatgut selbst vermehrten. Jede Patentierung von Saatgut oder Leben allgemein stellt Biopiraterie dar. Selbst, wenn die Bauern davon nicht unmittelbar betroffen sind, liegt hier auf die eine oder andere Weise eine Plünderung von Natur und Kultur vor. Dafür gebe ich Ihnen zwei Beispiele: Monsanto versuchte in Indien, eine Bt-Aubergine einzuführen. Nachdem, wie ich bereits geschildert habe, ein Moratorium erwirkt wurde, strengte man auch einen Prozess gegen den Konzern an, weil die Aubergine, die als Basis für die Genmanipulation diente, eine traditionelle Sorte war. Unserem Biodiversitätsgesetz zufolge hätte Monsanto die Erlaubnis zur Nutzung der Sorte einholen müssen. Aber die Mühe machte sich der Konzern nicht, er klaute einfach die Aubergine. Sogar die Gene, die die Forscher in die Aubergine einschleusten, stammten von indischem Boden. Sie gaben sich als »Erfinder« aus, kombinierten aber in Wirklichkeit nur zwei gestohlene Elemente. Logischerweise kam die Nationale Biodiversitätsbehörde (NBA) zu dem Schluss, dass es sich dabei um einen Fall von Biopiraterie handelte.

Ähnliches spielt sich überall ab: Die Sojabohne stammt zum Beispiel nicht aus Amerika, sondern aus Ostasien. Jedes Patent auf Sojabohnen stellt also einen Akt der Biopiraterie gegen China, Japan und andere Länder dar. Im Grunde werden die Bauern dieser Länder um ihr Recht betrogen. Und dann werden sie auch noch ein zweites Mal über den Tisch gezogen, indem man sie daran hindert, Saatgut so anzupflanzen, wie sie es für richtig halten. Der Rechtsstreit zwischen Monsanto und Vernon Hugh Bowman liefert dafür ein vielsagendes Beispiel. Der amerikanische Sojabohnenfarmer wurde angeklagt, weil er wiederholt gentechnisch veränderte Sojabohnen angebaut hatte, die er von einem lokalen Händler und nicht direkt von Monsanto gekauft hatte. Die Sojabohnen wurden als Futtermittel, nicht als Saatgut, angeboten, daher enthielt der Verkaufspreis keine Patentgebühren. Aber auch diese Sojabohnen kamen gut mit Roundup zurecht. Also baute Vernon Hugh Bowman sie an und setzte dabei Roundup ein, dann behielt er einen Teil seiner Ernte und säte die Bohnen im folgenden Jahr erneut aus, und das acht Jahre lang. Es handelte sich also um selbst erzeugtes Saatgut. Dennoch urteilte der Supreme Court der Vereinigten

Staaten zugunsten von Monsanto, stützte das Patent und erklärte, auch noch Generationen nach dem Verkauf des ursprünglichen Saatguts hätten Landwirte nicht das Recht, es erneut auszusäen. Dieser Richterspruch ist praktisch ein Raubzug gegen die Landwirte, weil Saatgut nicht erfunden werden kann. Alles Saatgut stammt aus der Natur und entwickelt sich dann in den Händen der Bauern weiter. Daher werden mit jeder patentierten Saatgutsorte die Natur und die Landwirte enteignet.

Auch viele europäische Bauern mit kleinen Betrieben gewinnen ihr Saatgut noch selbst, und sie riskierten damit 2014 zum Beispiel, dass sie von einer geplanten Neuregelung der europäischen Saatgutverordnung durch die Europäische Kommission, die 2016 in Kraft treten sollte,[7] mit voller Wucht getroffen hätten werden können. Die geplante Verordnung behauptete, sie wolle »die Agrar- und Lebensmittelbranche modernisieren, vereinfachen und stärken«, aber in Wirklichkeit hätte sie das Recht der Landwirte eingeschränkt, ihr eigenes Saatgut auszusäen, und für kleine, unabhängige Saatguterzeuger die Zulassung ihrer Sorten erschwert. Auch der Austausch von Saatgut unter Landwirten, Verbänden und Gärtnern wäre beeinträchtigt worden. Wieder einmal waren bei diesem Gesetzentwurf die großen Saatgutfirmen federführend und diktierten, was auf ihre Interessen zugeschnitten ist. Glücklicherweise lehnten die Abgeordneten des Europaparlaments die Verordnung 2014 entschieden ab.[8]

Die Industrie kann nur mit Saatgut arbeiten, das bereits irgendwo existiert, daher muss Biopiraterie von einer viel breiteren Perspektive aus betrachtet werden, als man denkt. Mais stammt aus Mexiko und jedes Patent auf Mais ist Diebstahl an den Mexikanern und den Bewohnern Mittelamerikas. Ähnlich hat auch Europa seine selbst kultivierte Biodiversität und jedes Patent auf seine Arten ist Diebstahl. Natur und Kultur existieren nicht separat, sie stehen in beständigem Austausch. Manche Pflanzen, zum Beispiel die Aubergine (die aus Indien kommt) oder die Kartoffel (ursprünglich aus Peru), wurden in Europa praktisch seit zwei Jahrhunderten kultiviert und dadurch mit eigenem traditionellen Wissen angereichert.

Die Agrochemie-Lobby

Am Anfang der Lobby-Anstrengungen, die von der Industrie unternommen werden, steht meist Druck auf den Gesetzgeber, um dafür zu sorgen, dass Verordnungen genveränderte Organismen begünstigen. In dem Film *Monsanto, mit Gift und Genen* aus dem Jahr 2008 enthüllt Marie-Monique Robin die geheimen Absprachen zwischen der US-Regierung und Monsanto. Eine Szene zeigt Präsident George H. W. Bush im Hauptquartier von Monsanto, wo er Bereitschaft zeigt, die Agenda des Saatgutgiganten in Gesetzesform zu gießen. Im Jahr 1992 wurde diese Idee tatsächlich realisiert: Ein US-Gesetz schrieb die »Äquivalenz« zwischen GVO und anderem Saatgut fest. Seither betrachten die Vereinigten Staaten die Gefahren, die von gentechnisch veränderten Lebens- und Futtermitteln ausgehen, als gleichrangig mit den Risiken konventioneller Anbauprodukte, sofern chemische Analysen keine Unterschiede zeigen. Seit dieses Gesetz gilt, wurden keine wissenschaftlichen Untersuchungen zur Giftigkeit von GVO mehr durchgeführt und generell werden keine Gutachten über die Auswirkungen auf die Gesundheit von Mensch und Tier verlangt. Die neue Situation, die durch die Einführung von GVO entstanden ist, wird überhaupt nicht zur Kenntnis genommen – alles geht heimlich, still und leise über die Bühne. Da die Vereinigten Staaten GVO nicht testen, ist

Europa gezwungen, die Tests durchzuführen, daher die enorme Bedeutung von Forschern wie Gilles-Éric Séralini und Árpád Pusztai, die unabhängige Gutachten zu den Auswirkungen von GVO erstellt haben. In den Vereinigten Staaten kann kein Wissenschaftler diese Rolle übernehmen, weil die Forschung nicht befugt ist, solche Analysen durchzuführen. Solche Gesetze stehen für die erste und direkteste Methode der Lobbyisten.

Die zweite Methode ist die Drehtür zwischen Wirtschaft und Politik, die vielen ehemaligen Monsanto-Mitarbeitern zu einem Posten in den US-Behörden verhilft, ja ihnen unter Umständen sogar ein Richteramt beschert. Ein gutes Beispiel ist die Karriere von Michael R. Taylor, derzeit stellvertretender Kommissar für Lebensmittel in der Bundesbehörde Food and Drug Administration (FDA). Ende der 1970er-Jahre war er schon einmal bei der FDA beschäftigt, wo er Rechtsdokumente über Lebensmittelsicherheit schrieb, dann arbeitete er für eine Anwaltsfirma, die zwei gentechnologiefreundliche Klienten betreute: das International Food Biotechnology Committee (IFBC) und Monsanto. In diesem Kontext verfasste er zwei Gesetzentwürfe zum Thema Genmanipulation, die gegenüber der Ernährungs- und Landwirtschaftsorganisation der Vereinten Nationen (FAO) und der Weltgesundheitsorganisation (WHO) eine Politik minimaler Regulierung rechtfertigen sollten. 1991 kehrte er zur FDA zurück, wo er insbesondere das Konzept der »substanziellen Äquivalenz« vertrat, das es amerikanischen Herstellern von gentechnisch verändertem Saatgut ermöglichte, auf toxikologische Prüfungen zu verzichten. Im Jahr 1994 wechselte er für kurze Zeit ins US-Landwirtschaftsministerium und wurde schließlich 1998 Vizepräsident von Monsanto. Das hinderte ihn keineswegs, 2009 zur FDA zurückzukehren. Er wurde 2010 sogar von Barack Obama befördert, der ihn zum stellvertretenden Kommissar für Lebensmittel ernannte.

In Europa spielt sich in der Europäischen Behörde für Lebensmittelsicherheit (EFSA) Ähnliches ab: Ihre Mitglieder sind zeitweise für die Behörde tätig, dann wieder für die Industrie. Im Jahr 2013 zeigte die Corporate Europe Observatory (CEO), dass im Durchschnitt sechs von zehn Mitgliedern der Arbeitsgruppen Verbindungen zur Industrie unterhalten.[9] Im Jahr 2012 hatte ähnliche Kritik die EFSA bereits veranlasst, strengere Regeln einzuführen. So wurden in der Folge 80 Prozent der Experten ersetzt, was allerdings wenig zur Verbesserung der Situation beitrug. Dafür gibt es einen Grund: Die Personen, die von den Kritikern aufs Korn genommen wurden, leiten die Expertengruppen. Dies ist das Ergebnis allzu lascher Regeln: Wenn ein Wissenschaftler einen Auftrag für ein Industrieunternehmen ausgeführt hat, dann kann er danach wieder als Experte für die EFSA tätig werden, als hätte er nie eine Verbindung zur Industrie gehabt.

Zudem widmen sich manche Firmen ausschließlich der Lobbyarbeit zugunsten der Industrie. Mit ihrem umfangreichen Budget finanzieren sie Ausgaben zur Pflege ihrer Netzwerke. In den Vereinigten Staaten haben große Agrochemiekonzerne, die sich auf Biotechnologie spezialisiert haben, zwischen 1999 und 2009 547 Millionen Dollar für ihre Lobbyarbeit im Kongress ausgegeben.[10] Europa ist gleichermaßen betroffen: Auf einer Konferenz in Brüssel zählte ich einmal 80 Monsanto-Lobbyisten, die sich bemühten, Einfluss auf die Entscheidungen zu nehmen.

Die Lobbyisten suchen die Entscheidungsträger in deren Büro auf, unterhalten sich nett mit ihnen und laden sie zu einem schönen Abendessen ein. Korruption ist keine Seltenheit. Wo Gelder fließen, ist in Europa relativ undurchsichtig, in anderen Ländern herrscht wesentlich mehr Transparenz. In Indonesien zum Beispiel wurde Monsanto 2005 in flagranti ertappt: Die Firma aus St. Louis hatte Regierungsbeamten 700.000 Dollar zukommen lassen.[11] Zwischen 1997 und 2002 hatten die Monsanto-Lobbyisten in Jakarta rund 140 indonesische Beamte geschmiert, um die Einführung von Bt-Baumwolle zu ermöglichen. Die Ehefrau eines leitenden Beamten im Landwirtschaftsministerium allein strich 374.000 Dollar ein. Ein leitender Mitarbeiter des Umweltministeriums erhielt 50.000 Dollar für die Rücknahme eines Erlasses, der eine Bewertung der Umweltfolgen von Bt-Baumwolle vor ihrer Markteinführung verlangte. Zur Vertuschung dieser Zuwendungen dienten gefälschte Rechnungen für den Verkauf von Pestiziden. Nach einer außergerichtlichen Einigung über eine Zahlung von 1,5 Millionen Dollar räumte Monsanto die Verantwortung für die Schmiergeldzahlungen ein. Was blieb ihnen anderes übrig, wo sie doch auf frischer Tat ertappt wurden?

Inzwischen bedient sich die Agrochemie auch noch anderer Lobby-Methoden. Zwei Ereignisse, eines in Afrika und eines in Indien, haben einen tiefen Eindruck bei mir hinterlassen. Auf meiner Rundreise durch Afrika im Juni 2014 stellte ich überrascht fest, welche Gewalt mir entgegenschlug. Ich bereiste Simbabwe, Südafrika, Tansania und Ghana. Es war fast überall dasselbe: Vor meiner Ankunft erhielten meine Gastgeber Briefe, die meine Glaubwürdigkeit infrage stellten. Auf der Konferenz selbst stahlen sich Industrievertreter – die wir erst später als solche identifizierten – in den Saal, verteilten sich im Publikum und versuchten, die Veranstaltung zu stören, indem sie das Wort ergriffen, behaupteten, ich hätte Lügen über meine Laufbahn verbreitet, ich gehöre der Sekte Boko Haram an und meine

Arbeit würde mir ein Vermögen einbringen. Sobald ich auf diese Angriffe antwortete, machten die Störer auf dem Absatz kehrt und verließen den Raum. Die Wiederholung dieser Angriffe, das Profil der Lobbyisten und die identische Wortwahl, derer sie sich auf der ganzen Reise bedienten und die zweifellos aus derselben Quelle stammten wie ein Artikel, der 2014 in der Zeitschrift *Forbes* erschien,[12] all das belegt zweifelsfrei, dass dies nicht das Werk normaler Bürger war, sondern von A bis Z organisiert wurde. Dieses systematische Vorgehen ist neu. Früher kam es zu solchen Konfrontationen über die Presse, aber es kam selten zu so direkten Aggressionen wie auf dieser Rundreise.

Im selben Zeitraum, also im Frühling 2014, erstellte der indische Geheimdienst einen Bericht über unsere Arbeit und legte ihn dem Büro des Premierministers und anderen Regierungsbehörden vor. Es wurden uns jedoch Informationen zugespielt, die zeigten: Man warf uns ebenso wie anderen Umweltschutzorganisationen vor, wir würden von den Regierungen westlicher Länder manipuliert, die uns angeblich finanzierten, um die öffentliche Ordnung zu stören und die wirtschaftliche Entwicklung Indiens zu behindern. Der Bericht sieht den Kampf gegen gentechnisch veränderte Organismen an vorderster Front der »Antientwicklungsaktivitäten« und wiederholt wortwörtlich die Argumente der multinationalen Konzerne, die dieses Saatgut verkaufen, ja, er zitiert sogar Ronald Herring, der für Monsanto arbeitete und mit allen Mitteln, legalen und illegalen, versuchte, den Anbau von Monsantos gentechnisch veränderter Aubergine durchzusetzen, jedoch ohne Erfolg. An sich ist der indische Geheimdienst dafür zuständig, Bedrohungen aus dem Ausland abzuwehren und Indien und seine Bürger zu schützen. Aber mit diesem Bericht geschieht genau das Gegenteil: Er verteidigt ohne Wenn und Aber die Konzerne, die bereits die Baumwollerzeuger ruiniert haben. NGOs wie Green-peace sind ähnlichen Anschuldigungen ausgesetzt, unter dem Vorwand, sie würden die Entwicklung von Kohle- und Atomkraftwerken behindern.

Auch mit dem Kampf um wissenschaftliche Studien wird versucht, Druck auszuüben. Frankreich bietet dafür ein gutes Beispiel: Die Zensur, der sich Gilles-Éric Séra-lini und die Kommission für unabhängige Forschung und Information über Gentechnik (Comité de recherche et d'information indépendantes sur le génie génétique, CRII-GEN) ausgesetzt sah, sollte als Warnung für alle Verteidiger der Demokratie dienen. Séralinis wissenschaftlicher Artikel über GVO und Roundup war bahnbrechend.[13] Er war das Ergebnis einer zweijährigen Forschungsarbeit, wurde dem Peer-Review-Prozess unterzogen und erschien schließlich in der Zeitschrift *Food and Chemical Toxicology*, die damals auf ihrem Gebiet als maßgebend galt. Darauf folgte unmittel-bar eine großangelegte Kampagne gegen den Artikel und die Zeitschrift – die seit kurzem einen ehemaligen Monsan-to-Mitarbeiter beschäftigte – geriet unter Druck, die Studie des CRIIGEN-Teams zurückzuziehen.[14] Der Chefredak-teur von Food and Chemical Toxicology erklärte jedoch, der Artikel enthalte weder Fehler noch Datenmanipulatio-nen. Wenn der vorgeschobene Grund (keine »schlüssigen« Ergebnisse) gelte, dann müssten tausende andere Studien aus wissenschaftlichen Fachzeitschriften zurückgezogen werden.

Kurz gesagt, die großen Saatgutkonzerne zögern nicht, buchstäblich die Kontrolle über wissenschaftliche Journale zu übernehmen. Ähnlichem Druck sah sich auch die Zeit-schrift *Nature* ausgesetzt. Unlängst veröffentlichte sie einen Artikel, der sich gängigen Vorurteilen über gentechnisch veränderte Organismen entgegenstellen sollte.[15] Obwohl der Artikel einräumte, dass sich sehr schnell Resistenzen gegen Monsanto-Herbizide entwickeln, wurde die Gentechnik generell verteidigt. Die Autorin Natasha Gilbert freute sich über den angeblich reduzierten Pestizideinsatz beim Anbau von GVOs, bestritt die GVO-Kontamination von Feldern, auf denen solche Pflanzen gar nicht angebaut wurden, und leugnete die Suizidwelle, die die Baumwollanbaugebiete Indiens erfasst hatte. Fachpublikationen wie *Nature, New Scientist, Scientific American* und so weiter geben solchen Artikeln Raum, während sich nach und nach die Türen für unabhängige Wissenschaftler schließen. Das heißt, wir haben keinen Zugang mehr zu anderslautenden Erkenntnissen, obwohl unabhängige Forschung die einzige Möglichkeit darstellt, die Sicherheit und die tatsächlichen Erträge von GV-Saatgut zu prüfen und die Propaganda zu entlarven.

Die Verbreitung von GVOs

Um sich ein klares Bild von der Ausbreitung von GVO zu machen und die Ergebnisse des Widerstands gegen sie zu bewerten, muss man zwei Faktoren berücksichtigen. Zum einen gewinnt man den Eindruck, dass die Verbreitung enorm ist, wenn man sich den Prozentsatz des GVO-Anteils bei bestimmten Anbauprodukten anschaut. In Indien haben die Saatgutkonzerne buchstäblich die Kontrolle über die Baumwollerzeugung gewonnen. Sie versuchten es beim Mais mit derselben Strategie in Mexiko, wo sie in nur einer Saison 2,5 Millionen Hektar in GV-Felder verwandeln wollten. Vor Ort waren die großen Saatgutfirmen – die mit einem Regierungsprogramm namens »Kreuzzug gegen den Hunger« hehre Ziele vortäuschten – sehr bald mit einer massiven Mobilisierung der Bevölkerung konfrontiert. Ich ging nach Oaxaca, um die Bewegung zu unterstützen, der es letztlich gelang, die Einführung von Bt-Mais zu verhindern. Die Offensive der Konzerne mag erfolgreich scheinen, wenn man einzelne Erzeugnisse betrachtet. Aber die ursprüngliche Intention der Industrie war ja, in Gestalt von fünf Konzernen das gesamte Saatgut und sämtliche Lebensmittel generell in die Hand zu bekommen. Unter diesem Aspekt sind sie, mit Ausnahme von vier Erzeugnissen (Mais, Raps, Sojabohnen und Baumwolle) klar gescheitert.

Insgesamt zeigt eine Weltkarte der GVO-Entwicklung, dass sich die meisten Länder dieser Welle entzogen haben und »gentechnikfrei« bleiben wollen. Die einzigen großen Länder, in denen GV-Saatgut zum Einsatz kommt, sind Argentinien, Brasilien, die Vereinigten Staaten, Kanada und Indien mit Baumwolle. In Afrika mussten Landwirte ihre Kulturen verbrennen, weil sie nichts einbrachten. In Europa finden wir nur kleine Flächen mit GVO. Das Phänomen ist also überschaubar und weitgehend eingedämmt: 2013 bauten 18 Millionen Landwirte genetisch veränderte Kulturen an und produzierten damit weniger als 1 Prozent der Agrarerzeugnisse der Welt.[16]

Traditionelles Saatgut: nährstoffreich und widerstandsfähig

Neben den finanziellen und kulturellen Nachteilen für die Bauern bieten Hybride und gentechnisch veränderte Erzeugnisse wie schon erwähnt auch weniger Nährstoffe. Dass traditionelles Saatgut reichhaltigere Lebensmittel hervorbringt, hat einen ganz einfachen Grund: Anders als das von der Industrie benutzte Saatgut wird traditionelles Saatgut von Menschen vermehrt, die das, was sie ernten, auch essen. Sie haben nichts davon, wenn sie minderwertige Lebensmittel erzeugen, während große Konzerne dazu durchaus bereit sind, wenn sich so irgendwelche Einsparungen erzielen lassen. In seiner Zeit als indischer Umweltminister gab Sompal Shastri eine Studie in Auftrag, die zeigte, dass neue Weizensorten weniger als 4 Prozent Proteine aufweisen, während traditioneller Weizen über 9 Prozent Proteine enthält. Genauso verhält es sich mit Sojabohnen: In den gentechnisch veränderten Sorten finden sich sehr viel weniger Proteine.

Der genetische Essentialismus – die Vorstellung, allein die Gene würden bestimmen, wie sich eine Pflanze entwickelt – beruht allerdings auf einem Denkfehler. In Wirklichkeit hängt der Ertrag einer Kultur von den Wechselwirkungen zwischen dem Saatgut (und dessen Genen) und der Umwelt ab: dem Boden, dem Niederschlag, dem Sonnenschein und so weiter. Sehr viele Daten demonstrieren, dass sich ein Boden, der mit ökologischen Methoden bewirtschaftet wird, mit Nährstoffen anreichert. Solche Anbaumethoden fördern die Entwicklung von Organismen, die den Boden nähren. So erhöht sich der Kaliumgehalt um das Elffache, der Stickstoffgehalt um das Fünffache, der Magnesiumgehalt um das Dreifache und der Calciumgehalt um das Doppelte.[17] Die Pflanzen, die auf diesen Böden wachsen, weisen in der Folge ebenfalls mehr Nährstoffe auf. Die intensive Landwirtschaft hingegen lässt die Böden verarmen. Saatgut ist also ein Aspekt, wie es aber angebaut wird, steht auf einem ganz anderen Blatt. Beides gehört untrennbar zusammen, wenn wir eine gute Ernte einfahren wollen.

Ein weiterer Vorteil traditionellen Saatguts ist seine Widerstandsfähigkeit. Die Welt ist in mancher Hinsicht instabiler geworden und traditionelles Saatgut kann für viele Probleme eine Lösung bieten. Angesichts wiederkehrender Wirtschaftskrisen sind Landwirte stärker und autonomer, wenn sie ihr traditionelles Saatgut selbst vermehren können. Stabilität schaffen sie auch im Kontext des Klimawandels, der für häufigere und unvorhersagbare Überschwemmungen und Dürren sorgt. Konventionelles Saatgut, das auf eine bestimmte Wassermenge angewiesen ist, bringt keinen Ertrag, sobald die perfekte Wassermenge nicht mehr garantiert werden kann. Traditionelles Saatgut, das über die Jahre an die Wetterschwankungen der Region angepasst wurde, bietet mehr Flexibilität. Die Umwelt verändert sich unaufhörlich, und wir müssen diese Entwicklung akzeptieren, berücksichtigen und uns anpassen. Die Suche nach einem idealen Saatgut für alle Böden und alle Wetterbedingungen ist ganz klar zum Scheitern verurteilt.

Aus denselben Gründen ist es sinnlos, wenn man Saatgut unter dem Vorwand, die Biodiversität zu schützen, in Safes einschließt. Im Saatgut-Tresor auf der Insel Spitzbergen in Norwegen (Svalbard Global Seed Vault) wird Saatgut unterirdisch unter Verschluss gehalten. Diese Saatgutbank erweckt den Anschein, Saatgut verschiedener weltweit angebauter Kulturen an einem sicheren Ort zu verwahren. Diese Selbsttäuschung lässt die Gesetze der Natur außer Acht. Die Verwalter behaupten, sie könnten garantieren, dass das Saatgut nicht verschwindet. In Wahrheit verweigert dieses System dem Saatgut das Leben: Es kann sich nicht entwickeln und an Veränderungen von Boden und Klima anpassen, so wie es Saatgut tut, das sich von Generation zu Generation unentwegt verändert. Entnimmt man nach mehreren Jahren Saatgut aus diesem Tresor und bringt es in eine Umwelt, in der sich die Temperatur nur geringfügig erhöht hat, blüht ihm der sichere Tod. Deshalb gilt es, ein dynamisches und adaptives Management der Biodiversität zu fördern.

Aus Studien des International Center for Tropical Agriculture geht hervor, dass 80 bis 90 Prozent der weltweiten Bestände an traditionellem Saatgut aus lokalen informellen Verteilungsnetzwerken stammt.[18] CIAT nutzte amtliche Daten aus allen Ländern über das von Firmen verkaufte Saatgut und verglich sie mit der Gesamtmasse des weltweit ausgebrachten Saatguts. Die Differenz zwischen beiden Größen gibt Aufschluss über die Saatgutmenge, die nicht industriellen Ursprungs ist, sondern von den Landwirten selbst gewonnen wurde, und sie übertrifft die Masse des industriell erzeugten Saatguts bei weitem. Das ist keine Überraschung. Die meisten Landwirte leben in den armen Gebieten Afrikas, Asiens und Lateinamerikas und arbeiten mit selbst erzeugtem Saatgut.

In den Ländern des Südens, in denen traditionelles Saatgut noch weit verbreitet ist, begünstigen Tausch und Selektion den Aufbau sozialer Bindungen unter den Bauern. Aber auch im Westen erlebt die Vermehrung von Saatgut und der Aufbau von Netzwerken zu deren Tausch ein gewaltiges Comeback. Wenn sich Saatguterzeuger heute stärker vernetzen würden und wir alle Landwirte mit traditionellem Saatgut versorgen könnten, dann gäbe es keine GVO mehr. In den Vereinigten Staaten beispielsweise hat die Organisation Baker Creek Heirloom Seeds, die in Missouri, Kalifornien und Connecticut aktiv ist, ein Netzwerk von Saatguterzeugern aufgebaut, das zwischen 2005 und 2012 von einem Dutzend auf 150 Betriebe angewachsen ist. Sie bieten 1600 verschiedene Kräuter, Gemüse-, Obst-, Getreide- und Blumensorten an und verschicken ihren Katalog an rund 430.000 Landwirte. Im ganzen Land werden verwandte Sektoren zu neuem Leben erweckt, zum Beispiel durch einen Weizensaatguterzeuger, der mit Farmern zusammenarbeitet, um die Getreidemühlen im Bundesstaat Washington wiederzubeleben. Das Getreidesaatgut wird lokal und kostenlos gewonnen, das vor Ort gezogene Getreide zu Mehl vermahlen und von lokalen Bäckereien zu Brot verarbeitet.

Auch in Europa wächst das Netzwerk der Erzeuger von freiem Saatgut stetig. Semence Paysannes mit seinen siebzig Mitgliedsorganisationen ist ein gutes Beispiel. Erzeuger und Anbieter alter Sorten, Verbände von Saatguterzeugern, Landwirte und Gärtner vernetzen sich dort und arbeiten mit landesweiten Organisationen zusammen. Semence Paysannes unterstützt die Züchtung von Weizensorten aus der Bretagne sowie Forschungsprojekte zum dynamischen Management kultivierter Biodiversität und zur partizipativen Pflanzenzüchtung.[19] Auch der Verband Kokopelli leistet hervorragende Arbeit im Saatgutvertrieb. In seinem Katalog finden sich 1700 Gemüse-, Getreide-, Arznei- und Gewürzsaaten, sowohl alte als auch moderne Sorten, die allesamt samenfest sind. Sie haben auch seltene Sorten im Angebot, die oftmals vom Aussterben bedroht sind. Die in den Ländern des Nordens geleistete Arbeit ist maßgeblich für die Wiederherstellung der Saatgut-Souveränität und damit der Ernährungssouveränität. Die großen Saatgutkonzerne begreifen dies sehr wohl, sonst wäre ein kleiner Verband wie Kokopelli nicht unaufhörlich massiven Angriffen durch den Agrochemiesektor und seitens staatlicher und europäischer Behörden ausgesetzt. Die Vermehrung und der Tausch von traditionellem Saatgut sind auch im Globalen Norden unbestreitbare Realität und erleben eine Renaissance. Neben den bereits erwähnten Beispielen entstehen zahlreiche andere Organisationen in reichen Ländern wie Australien, Neuseeland und Japan sowie in Skandinavien.

Patentsystem aufgeben

Gegen die Forderung, das Patentsystem aufzugeben, wird oft das Argument vorgebracht, Forscher seien dann nicht mehr daran interessiert, auf dem Gebiet weiterzuforschen. Der Mythos, die Anmeldung von Patenten fördere die Kreativität, beruht allerdings auf einer falschen Vorstellung von Wissen. Wissen wird hier als Wirtschaftsgut angesehen, das einzig seinem angeblichen Erfinder gehört. Das ist, als wäre es einfach eines schönen Tages aufgetaucht, ohne jede Verbindung zu früherer oder künftiger Forschung, isoliert in Raum und Zeit und losgelöst von der Gesellschaft. Der Patentinhaber kann durch das Patent alle möglichen kommerziellen Vorteile nutzen und mittels seiner Macht verhindern, dass dieses Wissen in Umlauf kommt. Der rein individuelle Charakter wissenschaftlicher Erfindungen, auf die sich das Patent bezieht, ist aber eine Fiktion und hat mit der Realität nichts zu tun.

Die Wissenschaftsgeschichte zeigt, dass der Schutz geistigen Eigentums die Forschung keineswegs fördert. Ein Großteil der Arbeit, die zu Patenten führt, wird an staatlichen Universitäten geleistet. Dazu gehören auch die Bereiche der DNA-Sequenzierung[20] und der rekombinanten DNA,[21] das heißt, die Unternehmen, die diese Entwicklungen nutzen, haben die dazugehörige Forschung nicht selbst durchgeführt. Institute, die forschen, und Unternehmen, die Patente einreichen, sind also keineswegs identisch. Konzerne verdanken ihre Gewinne häufig der Arbeit, die andere geleistet haben, und weigern sich dann, die Erträge dieser »Entdeckungen« mit der Gesellschaft zu teilen. Geistige Eigentumsrechte verhindern so, dass Wissen in Umlauf kommt und geteilt wird, und blockieren dadurch die Forschung. Ein Beispiel: Monsanto wollte in Indien ein Patent für Saatgut anmelden, das an den Klimawandel angepasst ist. Das Unternehmen hatte vor, Saatgut aller Art zu patentieren, das Dürre, Hochwasser und so weiter standhalten kann. Unser staatliches Patentamt lehnte dieses Ansinnen ab. Was Monsanto als Innovation hinstellte, war längst bekannt: Es handelt sich um eine Art Kälteschocktherapie, die auf Pflanzen anzuwenden ist und längst unabhängig von Monsanto praktiziert wird. Auch hier stimulierte das angedachte Patent also keineswegs irgendwelche Forschungsanstrengungen.

Das Wort »Wissenschaft« bezieht sich in der Argumentation der Konzerne zudem auf eine ausschließlich moderne, westliche Realität. Forscher, auch wenn sie in Laboren ausgestattet mit modernster Technologie arbeiten, wenden jedoch schlicht und einfach direkte und objektive Beobachtungsmethoden an – Techniken, die sich überhaupt nicht von den traditionellen Wissenschaften unterscheiden, zum Beispiel der Beobachtungen und Versuche, die Bauern im Amazonas über Generationen hinweg betreiben, um eine Wildpflanze zu nutzen oder ein bestimmtes Saatgut zu verbessern. Die ärmsten Bevölkerungen sind auch oft die erfindungsreichsten; ihre Kreativität ist unverzichtbar, speziell wenn es darum geht, in einer Krise das Schlimmste zu verhindern, und sie arbeiten ständig an neuen Lösungen.

Die Vorstellung des geistigen Eigentums leugnet diese Form der kollektiven Innovation, die die Grundlage der heutigen Forschung darstellt. Die schiere Menge an eingereichten Patenten, die auf in der Dritten Welt entwickeltem Wissen beruhen, beweist diesen Punkt. Das westliche Konzept von Wissenschaft, untrennbar verbunden mit dem Markt und dem Gewinnstreben, betrachtet das Erbe menschlichen Wissens als eine Art Bodenschatz, den man sich zu eigen macht und ausbeutet. Patente ermöglichen die

Monopolisierung dieser Ressource, indem sie sie zu einer schlichten Ware degradieren.

Ein Patent ist ein Vertrag zwischen dem Patentinhaber und dem Kollektiv, das vom Staat repräsentiert wird. Grundsätzlich sollte diese Vereinbarung beiden Seiten nützen. In Wirklichkeit aber verlieren bei der Vergabe von Patenten die Verbraucher ebenso wie die Landwirte und die Gesellschaft als Ganzes. Die Rückkehr zu einer Wirtschaft ohne geistige Eigentumsrechte würde daher automatisch dem Gemeinwohl den Vorrang einräumen. Die Freiheit, Saatgut zu gewinnen, gewährt beispielsweise Landwirten drei entscheidende Vorteile: Diversität, Qualität und Resilienz. Sie haben dann Zugang zu einer Vielfalt an Saaten, die es ihnen ermöglicht, bei ungünstigen Bedingungen für eine Sorte eine andere anzubauen und so eine schlechte Ernte zu vermeiden. Wenn Landwirte ihr Saatgut selbst gewinnen, können sie persönlich für Qualität garantieren, was nicht der Fall ist, wenn sie es von einer großen Saatgutfirma kaufen. Und schließlich müssen Landwirte, die eigenes Saatgut erzeugen, nicht unnötig Geld ausgeben, geschweige denn sich verschulden, und ihre Familien stürzen auch nicht ins Bodenlose, wenn sie mal eine Missernte erleiden. Folglich sind sie widerstandsfähiger gegenüber wirtschaftlichen und klimatischen Unsicherheiten. Eine Rückkehr zu einer Wirtschaft ohne Patente entspricht daher direkt den Bedürfnissen der Menschen und dem Wunsch, die Umwelt zu schützen und die Diversität auf unseren Äckern und unseren Tellern zu retten. Das Patentsystem produziert hingegen den gegenteiligen Effekt: Es basiert auf der Uniformität (Standardisierung), mangelnder Qualität und Verletzbarkeit.

Bewahrer der Vielfalt: Saatgutbanken

Um unser Saatgut, frei von politischer oder wirtschaftlicher Kontrolle, möglichst gut zu sichern und zu verbreiten, haben wir bei Navdanya eine Strategie entwickelt, die heute noch gilt; sie besteht aus einem ganz einfachen Vertrag mit den Partnerbetrieben von Navdanya. Wer Saatgut vom Verband erhält, muss es vermehren und eine etwas größere Menge als die erhaltene zurückschicken oder etwas von dem neu gewonnenen Saatgut kostenlos an zwei weitere Landwirte weitergeben, die sich ebenfalls verpflichten, es zu vermehren, und so weiter. Neben dem Vertrieb von Saatgut im ganzen Land geht es auch darum, dass mit jeder Sorte unsere Botschaft gegen gentechnisch veränderte Organismen, die Patentierung von Leben, Biopiraterie und intensive Landwirtschaft Verbreitung findet.

Als wir in Indien mit der Einrichtung von Saatgutbanken begannen, verteilte der Staat noch eine Menge Saatgut an die Bauern, aber sie wussten eigentlich nicht, wie sie mit dem neuen Saatgut umgehen sollten. Dieser vermeintliche Segen hatte in bestimmten Tälern bereits zum Verlust von 20 Prozent der lokalen Sorten geführt, in anderen waren bis zu 80 Prozent verschwunden. Die Bauern beklagten insgeheim die Verdrängung ihres traditionellen Saatguts und beobachteten, dass die verteilten Hybridsorten schlecht gediehen. Also erklärten wir jedem einzelnen Dorfbewohner, was wir tun, und machten auf wichtige Fragen wie die Gefahren der Patentierung aufmerksam. Das hieß, man musste sich die nötige Zeit nehmen, um jedem zu erklären, dass Saatgut ein Erbe ist, das künftigen Generationen gehört, und dass in Wirklichkeit ihre Freiheit und ihre Autonomie durch das Verschwinden der Sortenvielfalt bedroht waren. Landwirte haben genug gesunden Menschenverstand und begriffen sofort, welche

Gefahr ihnen drohte. Dass wir uns so erfolgreich betätigen konnten, ist weitgehend auf ihre Weitsicht zurückzuführen. Die Bauern fühlten sich allein gelassen mit ihren Problemen und hilflos angesichts der Behörden, die hartnäckig für die Intensivierung der Landwirtschaft warben. Sobald ein Vertrauensverhältnis aufgebaut war, eilte uns daher auf unseren Reisen unser Ruf voraus und wir wurden herzlich empfangen. Man schenkte uns Säckchen mit 10, 15 oder 20 Gramm Saatgut und lud uns zur Übernachtung ein. Wir sammelten das Saatgut nicht nur, sondern befragten auch die Älteren nach der Geschichte des Saatguts und baten sie, genau zu erklären, um welche Sorte es sich handelte.

Der Schutz des Saatguts, seine Vermehrung und der Vertrieb sind daher die drei wesentlichen Tätigkeitsfelder einer Saatgutbank. Jeder Landwirt, der Saatgut spendet, trägt die Arbeit der Bank mit. Unser Grund und Boden ist ein Schutzraum für Saatgut, das dann verschickt und von anderen angebaut wird, sich vermehrt und von einem Betrieb an den nächsten weitergereicht wird. Unsere Bank ist also lebendig, weil Saatgut in der Lage sein muss, sich mit jeder Saison anzupassen und zu entwickeln.

Eine Saatgutbank ist dabei nicht nur ein physischer Ort. Natürlich braucht Saatgut einen geschützten Raum. Das Wort »Bank« bezieht sich aber eigentlich nicht auf das praktische Verwahren, sondern stammt von dem italienischen Wort für »Tisch«, auf dem getauscht wird. Finanzinstitutionen haben dieses Wort für ihre Zwecke benutzt. Trotz dieser Bedeutungsverschiebung wollten wir das Wort beibehalten. Andere benutzen den Ausdruck »Saatgutbibliothek« für dieselbe Tätigkeit, aber unabhängig vom Namen handelt es sich um eine Gemeinschaftsorganisation, die allen gehört. Der Schutz des Saatguts, seine Vermehrung und Verteilung sind die drei Aufgaben einer Saatgutbank. Von diesen drei Phasen macht die erste, das Sammeln, am meisten Arbeit. Jeder Bauer, der Saatgut spendet, steuert etwas zur Bank bei. In den ersten drei Jahren bin ich von Dorf zu Dorf gezogen und habe um Saatgut gebeten. Die zweite Aufgabe ist der Anbau; unsere Flächen werden dadurch zum Schutzort für Saatgut. Sobald es vermehrt ist, verlässt es unsere Flächen und wird von anderen angepflanzt. Das ist die dritte Phase, die Verteilung. Unsere Saatgutbank ist also eigentlich ein lebendiger Organismus. Das System der Saatgutkonservierung, das wir entwickelt haben, berücksichtigt die Wesensnatur des Saatguts: Es entwickelt sich und passt sich an die Veränderungen des Klimas, des Bodens, der Regenfälle an, und zwar mit jeder Ernte. Auf diese Weise knüpft es eine Verbindung zwischen uns und unseren Vorfahren, die es kultiviert und vermehrt haben, von Generation zu Generation. Dieses Saatgut anzubauen verbindet uns auch körperlich, als Verbreiter des Samens, mit der Erde und der Artenvielfalt.

Das Navdanya-Netzwerk hat in ganz Indien 120 Gemeinschaftssaatgutbanken eröffnet. Wir verwalten jedoch nicht alle diese Banken; manchmal helfen wir nur bei der Gründung, danach arbeiten sie autonom. Wir werden natürlich noch sehr viele mehr schaffen. Derzeit haben wir 3500 Reissorten, 700 davon befinden sich in Dehradun, dem Herz des Netzwerks, wo zudem unsere »Samenuniversität«, auch »Universität der Erde« genannt, untergebracht ist. Seit der Affäre um die genmanipulierte Aubergine bekommen wir auch eine Menge Gemüsesaatgut; die Bauern begreifen, dass es Schutz braucht.

Aber unser Erfolg bemisst sich nicht allein an der Anzahl der geretteten Sorten. Auch für die Landwirte wendet sich das Blatt, und zwar manchmal ganz radikal. Zum Beispiel haben wir rund 25 Baumwollsorten aus den

»Suizidgebieten« des indischen Baumwollgürtels gerettet. Unlängst erzählte mir ein Landwirt aus dieser Region, dass er mithilfe des Saatguts, das er von uns bekommen hatte, auf Bioanbau umgestellt und damit seine Investitionen von 275.000 Rupien pro Jahr auf nur 9000 Rupien gesenkt hat. Das ist eine konkrete Veränderung! Unser Saatgut wurde auch in den vom Tsunami verwüsteten Küstenregionen und nach dem Zyklon in Odisha angebaut. Während die Hybridpflanzen nach der Überschwemmung abstarben, überlebten die salzresistenten Sorten, die wir entwickelt haben. Sie wachsen und gedeihen grün und kräftig.

Auch in Europa gibt es zwei absolut bemerkenswerte Initiativen. Eine habe ich bereits erwähnt – Kokopelli in Frankreich. Kokopelli verkauft das Saatgut, was im europäischen Kontext sinnvoll erscheint. Logischerweise muss diese Organisation ihre höheren Betriebskosten finanzieren – einschließlich ihrer großangelegten Projekte, vor allem in Afrika und anderen Ländern der Welt. In Indien arbeiten wir mit extrem armen Bauern, die keinen finanziellen Beitrag leisten können. Deshalb ist das Prinzip des kostenfreien Tauschhandels mit Saatgut dort unverzichtbar. Auch die zweite Initiative, die österreichische NGO Arche Noah, betreibt eine bemerkenswerte Saatgutbank; über diese Bank sind Hunderte Mitglieder vernetzt, die in ihrem Gemüse- oder Obstgarten oder ihrem Biobetrieb hochgefährdete Sorten anbauen. Sie vermehren sie und geben das Saatgut an andere weiter, sodass jede Sorte gleichzeitig von mindestens sechs Mitgliedern angebaut wird, was Nachhaltigkeit garantiert. Bei der Sammlung von Arche Noah handelt es sich mit 6000 verschiedenen Sorten um eine der wichtigsten in ganz Europa. Der Verein stellt seine Sorten allen zur Verfügung, die den Anbau einer bestimmten Obst- oder Gemüsesorte wiederbeleben möchten. Auch der Kontext ist aufschlussreich: In Österreich sind gentechnisch veränderte Pflanzen verboten und der Staat fördert aktiv die Ökolandwirtschaft.

Die Schaffung einer Saatgutbank ist gar kein kompliziertes Projekt, jeder kann hier einsteigen. Es geht nur darum, dass man lokales Saatgut aus der näheren Umgebung sammelt, es aufbewahrt, kultiviert, vermehrt und weitergibt. Das funktioniert ähnlich wie in einer Leihbücherei: Jeder macht sein Saatgut für die Öffentlichkeit zugänglich, sodass andere es ausleihen, vermehren und etwas davon zurückgeben können und wiederum andere davon profitieren. Vor allem aber sollten Interessierte über Netzwerke wie Kokopelli, Semences Paysannes oder Arche Noah, denen sich weitere Saatgutenthusiasten anschließen, mit den bestehenden Initiativen in ihrer Region Kontakt aufnehmen. Technisch ist die Aufbewahrung von Saatgut unkompliziert, vorausgesetzt man hat einen kühlen, trockenen Raum, in dem die Behälter mit den Samen lagern können. Wichtig ist eine gute Beschriftung. Jeder Behälter muss gut dokumentiert werden, mit dem Namen der Sorte sowie ihren Eigenschaften und Pluspunkten (Dürreresistenz usw.). Sobald diese Aspekte gemeistert sind, bieten sich eine Menge Standorte an: Schulen, Stadthallen, Unternehmen und so weiter. Auch Gotteshäuser sind ideale Refugien für den Schutz und die segensreiche Verteilung von Saatgut.

Neben Saatgutbanken gibt es noch weitere Initiativen, die ähnliche Ziele verfolgen. Saatgut- und Pflanzentauschbörsen entstehen in aller Welt, in den Vereinigten Staaten sogar mit bis zu 20.000 Teilnehmern. Wer solche Veranstaltungen organisiert oder besucht, sorgt nicht nur für besseren Kontakt in der Nachbarschaft, sondern bringt auch traditionelles Saatgut in Umlauf und lenkt die Aufmerksamkeit auf die Wichtigkeit des Themas. Verbraucher und Landwirte können auch rund um ihre Häuser, Betriebe und Dörfer »Zonen für Saatgutfreiheit« einrichten und dort alte Sorten einsäen, die aus den offiziellen Saatgutkatalogen gestrichen wurden. So lässt sich wunderbar zum Ausdruck bringen, dass wir unfaire Gesetze nicht befolgen und gemeinsam unsere Grundrechte einfordern. Einzelinitiativen sind nicht zu vernachlässigen. Im Gegenteil, sie werden zum Ausgangspunkt für einen echten Paradigmenwechsel: Unsere Gärten erfüllen als Zufluchtsorte für die landwirtschaftliche Artenvielfalt einen wichtigen Zweck. Mit Hybridsaatgut Bioprodukte zu erzeugen ist hingegen ein Widerspruch in sich! Ich fordere die Gärtner auf, stattdessen freies Saatgut zu verwenden und aus den Erträgen Samen für das Folgejahr aufzubewahren.

Saatgutschutz als Verbraucher

Wenn man auch als Stadtbewohner ohne eigenen Garten etwas für die Saatgutvielfalt tun will, sollte man zunächst mit einer größeren Vielfalt an Zutaten kochen und die kulinarischen Traditionen der Region und der Vorfahren wiederentdecken. In einem Bericht vom März 2014 zeigte das Internationale Zentrum für tropische Landwirtschaft, dass die sogenannte »globalisierte« Ernährung, die Tag für Tag weiter um sich greift, die landwirtschaftliche Biodiversität zerstört. Sie beruht auf nur vier Feldfrüchten: Weizen, Reis, Kartoffeln und Zucker.[22] Diese Verarmung ist nicht nur umweltschädlich, sondern sie schwächt auch die Ernährungssouveränität (weil Alternativen fehlen, sobald eine Ernte ausfällt); außerdem fördert sie Übergewicht, Herz-Kreislauf-Erkrankungen und Diabetes. Verbraucher sollten deshalb auf vielfältigere Speisen und vor allem auf die Spezialitäten ihrer Kultur und Region zurückgreifen. Die Diversifizierung auf unseren Tellern wird die Erzeuger dazu veranlassen, auch auf ihren Feldern für Vielfalt zu sorgen, und trägt folglich dazu bei, dass vielfältigeres Saatgut genutzt wird. Dank dieser Diversifizierung wächst die Resilienz der Landwirte und der Bevölkerung und überdies ernähren wir uns alle gesünder: Gesund bleibt nur, wer sich mit vielfältigen Nährstoffen versorgt.

Keinen eigenen Grund und Boden zu haben ist außerdem kein Hinderungsgrund für den Anbau von freiem Saatgut. Säen Sie es in einem Topf an, auf der Fensterbank, auf dem Schulgelände, wo auch immer sich Möglichkeiten bieten. Man darf nicht vergessen, dass im Zweiten Weltkrieg in den Vereinigten Staaten, in England und Deutschland überall Gemüsegärten angelegt wurden, um die Bevölkerung mit Lebensmitteln zu versorgen. In den Vereinigten Staaten stammten 50 Prozent der Lebensmittel aus diesen Gärten! Wir wissen also durchaus, wie man mobilisiert und wie man sich organisiert. Das Projekt »Incredible Edible« hat gezeigt, dass Bürger wieder bereit sind, wo immer möglich etwas anzubauen. Die Idee besteht darin, jeden verfügbaren Ort in einen Gemüsegarten zu verwandeln, sodass unsere Städte, Hochschulen und Altenheime zu riesigen Gemeinschaftsgärten werden, in denen sich jeder an den Beeten kostenlos bedienen und gemeinsam mit den Nachbarn gärtnern kann. Am Vorbild der englischen Stadt Todmorden – mit nur 15.000 Einwohnern und hoher Arbeitslosigkeit – kann man sehen, welches Potenzial ein solches Projekt bietet: 83 Prozent der dort verkauften Lebensmittel werden lokal erzeugt. Dieser Erfolg wurde dadurch möglich, dass alle verfügbaren Flächen kultiviert und die lokalen Produzenten bevorzugt wurden.

Auch wer selbst wenig Platz zum Gärtnern hat, kann dennoch eine wichtige Rolle übernehmen. Die Größe des Gartens ist letztlich weniger wichtig als das Engagement und die Überzeugung. Ein einziger Blumentopf, ein Pflanzbehälter, ein einziges Samenkorn bewirken etwas. Außerdem kann jeder einen Bauern oder eine Gärtnerin in der Nähe finden, die mit traditionellem Saatgut arbeiten. Man kann mit ihm oder ihr Kontakt aufnehmen und direkt dort oder in einem Laden mit lokalen Produkten, über eine Verbraucher-Erzeuger-Gemeinschaft oder auf einem Bauernmarkt einkaufen. Dieses neue Kaufverhalten wird die Wirtschaft von unten ausgehend verändern und freies Saatgut massiv fördern.

Aber wenn diese Alternativen nicht von politischen Aktionen begleitet werden, wird es letztlich nicht gelingen, der Industrie und den Saatgutkonzernen das Handwerk zu legen. Gewaltlosigkeit bedeutet nicht, zuzulassen, dass andere auf einem herumtrampeln. Im Gegenteil, die Wahrheit auszusprechen ist die erste Tat in einem gewaltfreien Kampf. Neben den Initiativen, über die wir gerade gesprochen haben, bitte ich Bürger auch, Workshops, Konferenzen und Demonstrationen zu organisieren, um die Aufmerksamkeit darauf zu lenken, welche Folgen der Verlust der Saatgutfreiheit für unser Leben und vor allem für unsere Ernährungssouveränität hat. Organisieren Sie Abendessen, Mittagsmahlzeiten und Picknicks mit Ihren Nachbarn, Ihren Freunden oder Kollegen, damit sie das Geschmackserlebnis kennenlernen, welches Essen von Erzeugern bietet, die freies Saatgut einsetzen und vermehren. Dann können auch sie Einfluss auf die öffentliche Meinung nehmen und Bewusstsein für die Zusammenhänge zwischen Saatgut, Lebensmitteln und Gesundheit schaffen. Fordern Sie Ihre Freunde und Angehörigen auf, Petitionen zu unterschreiben, die an Volksvertreter auf lokaler oder staatlicher Ebene gehen und sich gegen Gesetze wenden, die die Saatgutfreiheit beeinträchtigen.

Um die lokalen Organisationen für Saatgutvielfalt und alte Sorten auf internationaler Ebene zu verknüpfen, habe ich das Bündnis für die Erde[23] gegründet. Die Idee, eine solche internationale Bewegung anzustoßen, kam mir eines Tages, als ich extrem frustriert war über die verfälschten Informationen, die verdrehten Aussagen und die regelrechten Lügen, die man zu hören und zu lesen bekommt. Der Internationale Service für die Verbreitung der Agro-Gentechnik (ISAAA, Service for the Acquisition of Agri-biotech Applications) ist eine der Quellen für die Fehlinformationen, die in aller Welt verbreitet werden. Diese Organisation hat sich das Ziel gesetzt, den Anbau gentechnisch veränderter Feldfrüchte in Ländern der Dritten Welt zu fördern, und zwar unter dem Deckmantel der Armutsbekämpfung mittels gesteigerter landwirtschaftlicher Produktivität. Der ISAAA berichtete zum Beispiel kürzlich, in Burkina Faso würde auf zwei Millionen Hektar Gentechnikbaumwolle angebaut. Später korrigierte die Regierung von Burkina Faso selbst diese Zahl, die nur bei einer Million Hektar liegt. In diesem Augenblick wurde mir klar, dass wir angesichts des nicht abreißenden Stroms aus falschen Angaben und Propaganda die Pflicht haben, nicht nur der Wahrheit Gehör zu verschaffen, sondern auch die Bürger über die Entwicklung des traditionellen Saatguts in aller Welt zu informieren. 2012 veröffentlichten wir daher einen Bericht mit dem Titel *Seed Freedom, a Global Citizens'* Report.[24] Daran arbeiteten rund einhundert Gruppen, Netzwerke und Organisationen mit. Der Bericht sammelt Daten über die derzeitige Verbreitung von traditionellem Saatgut und den wachsenden Widerstand gegen GVO. Er ruft auch zum weltweiten zivilen Ungehorsam auf und zur Kooperationsverweigerung gegenüber Patenten, dem Schutz geistigen Eigentums sowie ganz allgemein allen Saatgutverordnungen, die traditionelle Sorten und ihre Vermehrung kriminalisieren. Im darauf folgenden Jahr bereiste ich mit diesem Bericht die Welt, um ein echtes Netzwerk zu schaffen. Saatgutfreiheit, wie sie vom Bündnis verstanden wird, umfasst auch die Freiheit von GVO, Patenten und Chemie. Ein Vorteil dieses Vorgehens ist, dass wir nicht auf den ISAAA angewiesen sind, sondern selbst horizontal Informationen sammeln können.

In Kolumbien zum Beispiel wurden die Erkenntnisse über Saatgutfreiheit übersetzt und jedermann zugänglich gemacht. Die Folge war, dass bei Inkrafttreten des Freihandelsabkommen zwischen den Vereinigten Staaten und Kolumbien den Bauern sofort klar war, dass damit ihre Freiheit, Saatgut selbst zu vermehren, in Gefahr geriet und sie sich deshalb organisieren mussten. Überdies erkannten sie dank unserer Informationen, dass auch ihre Geflügel- und Rinderzucht durch dieses Abkommen bedroht wurde.

In Europa sieht es ähnlich aus: Umweltschützer bemühen sich schon lange, Wildtiere und -pflanzen zu schützen oder gegen Umweltverschmutzung zu kämpfen, aber mit der Verteidigung des Saatguts haben sie kaum Erfahrung. Und die Biotechnologie macht die Sache noch komplizierter. Daher bieten wir den europäischen Bewegungen und insbesondere auch den Gesetzgebern, die regelmäßig nachfragen, unsere Unterstützung an. Zum Beispiel Serbien, das unlängst um Hilfe gebeten hat. Bis heute ist dieses Land gentechnikfrei: 2009 hat das Parlament der Republik Serbien ein Gesetz verabschiedet, das den kommerziellen Anbau von GVO und dessen Handel verbietet und die Einfuhr von GV-Sojabohnen als Tierfutter untersagt. Aber Bayer tut alles, um in diesen Markt einzudringen. Deshalb trafen wir uns mit rund zwanzig Organisationen, um ihre Position zu stärken. Den Serben liegt das Prinzip der Saatgutfreiheit sehr am Herzen, bereits zwei Millionen Menschen haben sich dort der Bewegung angeschlossen.

Unlängst haben wir auch alarmierende Nachrichten aus Afrika erhalten, wo Gesetze zum Saatgutschutz systematisch attackiert werden. Die Afrikaner hatten den Eindruck, dass ihnen Informationen fehlten und ihre mangelnde Erfahrung gegen sie verwendet wurde. Sie brauchten technische Unterstützung und interessierten sich für unsere Interpretation. Also unternahm ich eine Rundreise durch vier afrikanische Länder. Unabhängig von der geografischen Lage sind es in der Regel die Gesetzgeber oder die Berater von gewählten Volksvertretern, die uns alarmieren. Sie benötigen Fachwissen und Informationen aus unabhängiger Quelle, die nicht von Lobbyisten stammen. Wir werden auch zu Konferenzen eingeladen, um dort zuverlässige Daten beizusteuern und damit für eine breite Bewusstseinsbildung zu sorgen.

Diese Reisen haben auch meine Sicht zum Thema Saatgut verändert und meinen Horizont erweitert. An ganz unvorhersehbaren Orten bin ich auf überraschendes Potenzial und Bürgergruppen gestoßen, die bereit sind, unser Anliegen zu verteidigen. Nicht nur unter Landwirten und in der Landbevölkerung, sondern auch in den Städten gibt es Bürger, die ihre Zeit und jedes verfügbare Fleckchen Erde, den eigenen Schrebergarten oder Gemeinschaftsgarten einsetzen. Man kann also nicht länger behaupten, dass die Frage der Saatgutfreiheit nur die Landwirte betrifft. Die Rettung des Saatguts geht jeden an. Auch widmen sich immer mehr Kunstprojekte der Saatgutfrage, beispielsweise mehrere Songs von großartigen Künstlern, darunter auch Manu Chao. Das Thema, das man früher für zu komplex hielt, um öffentliche Aufmerksamkeit zu erregen, bewegt inzwischen die ganze Bevölkerung. Das ist ein großer Sieg!

KAPITEL 4

Ökofeminismus

Der Feminismus ist mir sozusagen von meinen Vorfahren vererbt worden. Meine Mutter war bereits in den 1940er-Jahren Feministin, als es das Wort in Indien noch gar nicht gab. In meiner Familie geht der Wunsch nach Gleichstellung weit zurück: Mein Großvater starb bei einem Hungerstreik, mit dem er die Gründung einer Mädchenschule in seinem Dorf erreichen wollte, und zwar zu einer Zeit, als Mädchen noch äußerst selten Schulen besuchten. Schon dass er meine Mutter zum Studieren nach Lahore[1] schickte, fanden die Dorfbewohner mutig: Die Kaste der Brahmanen (die an der Spitze der Gesellschaftsordnung standen) verweigerten Frauen das Recht auf Bildung. Doch mein Großvater hatte begriffen, dass Wissen eine der Säulen der gesellschaftlichen Emanzipation ist. Er lebte in einem Milieu, das weitaus mehr an Fortschritt und Wissenschaft glaubte als an religiöse Dogmen. Die anderen Dorfbewohner unterstützten entschieden seine Idee einer Mädchenschule. Schließlich wurde ihm finanzielle Hilfe zugesagt und er konnte die Schule eröffnen. Doch die Geldgeber hielten sich nicht bis zum Schluss an ihre Zusage und die Behörden änderten ihre Meinung. Zahlreiche Schreiben, in denen mein Großvater auf eine endgültige Zusage von staatlicher Seite drängte, blieben unbeantwortet. Also beschloss mein Großvater, in den Hungerstreik zu treten und keine Schluck Wasser mehr zu trinken, bis nicht nur die Finanzierung weitergeführt wurde, sondern er auch die notwendige staatliche Genehmigung erhielt. Als schließlich eine positive Antwort eintraf, war es bereits zu spät: Er starb, als ich gerade einmal vier Jahre alt war. In der Schule, für die er eingetreten war, werden heute 3000 Schülerinnen unterrichtet.

Die Frauen der Bewegung Chipko, denen ich mich später anschloss, die im Wald lebten und keine formelle Schulbildung besaßen, litten unter derselben Geringschätzung, die die meisten Inder den unteren Kasten entgegenbringen. Die Forscher hingegen, mit denen ich als Physikerin zu tun hatte, galten als große Experten, die man respektierte und achtete. Doch das alltägliche Zusammenleben mit den Dorfbewohnerinnen während meiner Zeit im Wald öffnete mir die Augen für einen wichtigen Aspekt: Diese Frauen besaßen unglaubliche Kenntnisse, ohne sich dessen bewusst zu sein. Als ich ihnen Fragen zu den Auswirkungen der Entwaldung auf ihre Ökosysteme stellte, wurde mir klar, dass sie ihre Umwelt ständig genau beobachteten, was mehr oder weniger instinktiv geschah. Veränderungen in der Vegetation oder im jährlichen Pegelstand eines Flusses – selbst äußerst geringe – und die Ursachen dafür blieben ihnen nicht verborgen. Bis heute besitzen Frauen in den ländlichen Gebieten, Sammlerinnen und Hirtinnen, die Trockenholz sammeln und Trinkwasser für ihr Dorf holen, ein profundes und detailliertes Wissen über ihre natürliche Umwelt. Ist das etwa keine Expertise? Doch dieses Wissen wird weder schriftlich weitergegeben noch durch Diplome bestätigt und hat daher in den Augen der Eliten keinen Wert. Für die meisten Menschen gehören diese detaillierten Kenntnisse nicht einmal zu dem, was wir als »Wissen« bezeichnen. Tatsächlich aber handelt es sich um komplexe kulturelle und wissenschaftliche Praktiken, auch in der Landwirtschaft. Sowohl die Bewahrung von Saatgut als auch die Entscheidung für eine bestimmte kulturelle Vorgehensweise war dort lange den Frauen vorbehalten.

Die vielfältigen Kompetenzen der Frauen zu ignorieren heißt vor allem zu verschweigen, welch kolossale Leistungen sie vollbringen. In einer im Jahr 1988 durchgeführten Studie bei Bäuerinnen stellten wir fest, dass ein Zweiergespann Ochsen jährlich 1064 Stunden pro Hektar arbeitet, ein Mann 1212 und eine Frau 3485 Stunden – eine Frau arbeitet also länger als ein Mann und die Zugtiere zusammengenommen.[2] Inzwischen wurden diese Daten durch weitere Studien bestätigt: Die WHO hat nachgewiesen, dass Frauen in den ländlichen Gebieten Asiens und Afrikas 13 Stunden pro Woche mehr arbeiten als Männer. Sie verbringen schon allein eine Stunde pro Tag damit, Wasser zu holen und Trockenholz zu sammeln – manchmal sind es aber auch vier Stunden.[3] Diese höhere Arbeitsleistung der Frauen erwächst quasi instinktiv aus ihrer Rolle als Mutter: Sie schenken Leben und schützen es. Dies führt dazu, dass sie sich für die Existenzsicherung zuständig fühlen und damit ein Leben aus der »Subsistenzperspektive« führen: Für sie stehen die Grundbedürfnisse im Vordergrund – Nahrungssicherheit,[4] Gesundheit und so fort. Sie sind im Unterschied zu den Männern Bewahrerinnen des Lebens, auch wenn das bedeutet, sich für die Gemeinschaft zu opfern. Das hat mich dazu gebracht, den Gedanken des Ökofeminismus in den Mittelpunkt meiner Arbeit zu stellen.

Die Frauen der Chipko-Bewegung waren ungeheuer mutig. Für mich sind sie wahre Heldinnen. Sie trotzten den Waffen und der Gewalt der Polizei und schützten ihren Wald. Auch heute noch führt eine solche altruistische Grundhaltung in Ländern des Südens wie des Nordens dazu, dass Frauen eher bereit sind, zu teilen. Ich glaube, dieses natürliche Wohlwollen ist in ihre Gene eingeschrieben. Sie besitzen das intuitive Wissen, dass ihr Schicksal mit dem der Natur verbunden ist. Obwohl sie den Begriff damals nicht kannten, war das ganze Denken der Chipko-Frauen von Ganzheitlichkeit geprägt. Ihre Existenzweise war ein lebendes Beispiel für ganzheitliche Ökologie: Sie betrachteten die Natur als ein Netz voneinander abhängiger Dinge, als ein Ganzes, das viel größer ist als die Summe seiner Teile. Eine solche Sicht führte die Frauen zu einer demütigen Haltung und einem geradezu religiösen Respekt gegenüber der Natur. Ich glaube, dass mehr oder weniger alle Frauen mit diesem Instinkt, zu schützen und zu bewahren, ausgestattet sind, mit dieser Weitsicht gepaart mit Wohlwollen.

Mein Studium der Physik führte mir deutlich das Frauenbild der damaligen Gesellschaft in Indien vor Augen. Außer mir und einer Kommilitonin, die mit mir in Punjab studierte, gab es zu jener Zeit in Indien keine Frauen, die diesen Weg einschlugen. Wir waren wie zwei weibliche Tropfen in einem Meer von Männern – und die verhielten sich erbärmlich. Ich hasste das umso mehr, als mir aufgrund meiner an Gandhi orientierten und feministischen Erziehung bis dahin gar nicht bewusst war, dass es eine Welt der Frauen und eine Welt der Männer gab. Aber ich begriff schnell, dass manche die Wissenschaft als etwas betrachteten, das den Männern vorbehalten sei, und Frauen in dieser Weltsicht dazu verdammt waren, Spielzeug des männlichen Geschlechts zu sein, nicht mehr und nicht weniger. Da habe ich mir gesagt: »Was ist das für ein Unsinn?«, und ich bin aufgewacht und habe die Diskriminierungen in der Gesellschaft gesehen, in einem Land, in dem die Lebensbedingungen für Frauen extrem schwierig sind. Ich war aufgrund meiner Wurzeln und meiner Vergangenheit bereits vom Feminismus geprägt, aber das Wort existierte damals in Indien noch nicht. Ich hatte etwa Simone de Beauvoir gelesen und natürlich waren solche Texte ein sehr wichtiger Bestandteil meiner Bildung. Aber es ging mir nicht nur um Bildung, sondern darum, ein Leben nach meinen eigenen Vorstellungen führen zu können. Bei Chipko flossen viele Aspekte meiner eigenen Kultur und meiner Überzeugungen zusammen: Der Feminismus ist nur eine Facette einer umfassenderen Perspektive.

Damals herrschte ein mechanistisches Weltbild und der kartesianische Rationalismus mit dem Gedanken, die Wälder, die Flüsse und die Gesamtheit aller Ressourcen zu behandeln, als wären sie bloß zur Ausbeutung da – Vorratslager, die man plündern könne. Mein Entschluss, mich mit der Quantentheorie zu beschäftigen und damit die mechanistische Sichtweise zu überwinden, erwuchs auf dem Naturbegriff, den ich von der Chipko-Bewegung übernommen hatte.

In der mechanistischen Betrachtungsweise besteht die Natur aus unveränderlichen Gegenständen, die nicht miteinander in Beziehung stehen. Der Mensch lebt außerhalb dieser Welt, die er weitgehend beherrscht, losgelöst und getrennt von ihr. In der Epoche von Descartes, Newton oder Bacon stand dieser Gedanke der Trennung sogar im Zentrum der Wissenschaft. »Indem Descartes feststellt: ›Ich denke, also bin ich‹«, sagte mein Freund Satish Kumar einmal, »begründet er ganz allein seine Wahrheit. Alles, was um ihn herum lebt, existiert nicht mehr. Übrigens kam ihm diese Erkenntnis, als er ganz allein für sich in einem kleinen Raum meditierte. Hätte er in der Natur reflektiert, umgeben von Bäumen und Tieren, und liebkost vom Wind wie Buddha, wäre er nicht zu einer solitären Erleuchtung gekommen.«[5] Ich teile diese Sicht voll und ganz.

Im Gegensatz zur mechanistischen Weltsicht steht bei der Quantentheorie der Gedanke der Untrennbarkeit im Mittelpunkt: Alles ist mit allem verbunden und es existieren keine Gegenstände, weil Teilchen ein Objekt bilden können und dann ein anderes und sich ständig verändern. In dieser Theorie gilt die Realität als etwas Dynamisches, es geht nicht nur um Quantitäten, sondern auch um Qualitäten. Die Quantentheorie berücksichtigt die dynamische Evolution der Gegenstände und geht davon aus, dass alle miteinander in Beziehung stehen und sich in ständigem Wandel befinden. Da die Dinge nicht getrennt, sondern verbunden sind, interagieren sie aus der Ferne miteinander, obwohl diese Verbindungen oft unsichtbar bleiben.

Die Quantentheorie geht also davon aus, dass das ganze Universum nur auf Potenzialen beruht und nicht auf festen Eigenschaften unbeweglicher Gegenstände. Und genau dieses Denken fehlt uns heute. Nehmen wir ein konkretes Beispiel: Der Boden unserer Farm Navdanya war durch vorherige Intensivbewirtschaftung ausgetrocknet und buchstäblich erschöpft. Doch diese leblose Wüste besaß das Potenzial, wieder fruchtbar zu werden. Also haben wir von diesem Potenzial ausgehend mit der Arbeit begonnen. Pablo Neruda bringt diesen Gedanken besser zum Ausdruck, als ich es kann, wenn er schreibt: »Ich möchte mit Dir machen, was der Frühling mit den Kirschbäumen macht.«[6]

In der indischen Kosmologie gehen alle Lebewesen aus einer einzigen Energie hervor, die als *Shakti* bezeichnet wird. Der Begriff an sich steht schon für das weibliche Prinzip und die kreative Kraft. Die tiefe Verbindung zwischen den Frauen und der Natur ist also nicht nur eine nützliche Erkenntnis, die uns hilft, Herausforderungen der Geschlechterfrage mit ökologischen Themen zu verknüpfen: Sie ist ein Jahrtausende altes Erbe.

Die Entstehung des Ökofeminismus

Meine erste ökofeministischen Schrift war eine Studie, die zeigte, dass eine Nahrungsversorgung, bei der die Frau im Mittelpunkt steht, zwangsläufig mit dem Gedanken des Teilens verbunden ist (mit den Kindern, der Familie, anderen Frauen und so weiter), mit Mitgefühl, Bewahrung und Wohlergehen. Im Gegensatz dazu wird das Saatgut, wenn die Produktion und Verteilung unserer Nahrung in der Hand der von Männern dominierten Industrien liegt, steril und das Essen wird zu einem banalen Konsum, der nichts mehr mit dem weiblichen Wissen zu tun hat. Frauen haben Jahrtausende lang für Kontinuität in der Bereitstellung von Getreide gesorgt – allen Kriegen, Naturkatastrophen und Hungersnöten zum Trotz. Dann hat die Maskulinisierung der vorhandenen Artenvielfalt zur Entstehung gewaltsamer Technologien geführt, die das Keimen der Getreidekörner verhindern sollte. Die Welt aus einem Blickwinkel zu betrachten, in dem die Frau nicht das schwache Geschlecht und die Natur nicht unveränderlich, passiv und nur zur Ausbeutung da ist, gehört zusammen. Für mich ist die Natur ein lebendiges Subjekt und die weibliche Intelligenz entscheidend für das Überleben der Menschheit. Wenn das als Prinzip anerkannt wird, eröffnet sich ein ganz anderes Potenzial.

Als ich *Das Geschlecht des Lebens* geschrieben habe, war mein Leben von zwei Dingen geprägt: Das erste war mein Engagement in der Chipko-Bewegung. Dieses Engagement ging Hand in Hand mit meiner Entschlüsselung des wissenschaftlichen Paradigmas am Ursprung der Ausbeutung der Wälder: eine mechanistische, kartesianische Philosophie, in der ein bestimmter Teil des Walds eine bestimmte Menge Holz oder Rohmaterial liefern kann. Ich habe versucht, Verirrungen wie den ständigen Blick auf das Bruttoinlandsprodukt aufzudecken, das vermeintlich den Wohlstand eines Lands anzeigt. Das zweite Ereignis, das mich zu dem Buch inspiriert hat, war die Geburt meines Sohnes Kartikey, die für mich eine zutiefst weibliche Erfahrung war. *Das Geschlecht des Lebens* entstand in der Zeit nach meiner Tätigkeit an der Universität, als ich mich verpflichtet hatte, mich dem ökologischen Kampf zu widmen. Ich wollte nicht mehr nur veröffentlichen, um die nächste Beförderung zu bekommen. Folglich schrieb ich über das, was meine Forschungen ergaben, ohne jegliche Einschränkungen und völlig frei, nur auf der Grundlage meiner eigenen Erfahrungen mit der Weiblichkeit. Dabei habe ich mich nie gefragt, wer meine Schriften lesen würde. Die Erfahrung zeigt, dass es heute, fünfundzwanzig Jahre später, viel mehr Leser gibt, die sich für das Buch interessieren, als damals. Ich weiß noch, dass damals manche Frauen aus dem höheren Lehrbetrieb, bei der Lektüre buchstäblich in Panik gerieten. Und zwar deshalb, weil sie sich nie für Ökologie interessiert hatten. Selbst als Promovierte hatten sie keine Kenntnis davon, dass die Frauen in den Bergen über ein spezielles Wissen verfügten, ja sogar Expertinnen waren. Die Sicht aus der Warte dieser Frauen, die ich in meinem Buch darlegte, schockierte sie regelrecht und stellte in gewisser Weise ihre privilegierte Situation und damit ihre Sicherheit infrage. Aber selbst Umweltschützer fühlten sich durch das Buch angegriffen. Ihre damalige Auffassung vom Schutz der Ökosysteme war, sie zu beherrschen. Ich aber stelle die Menschheit lieber nur als Gast auf dem großen Ball der Natur dar.

Ich glaube, dass die Gesellschaft, Frauen und die Umwelt vom Patriarchat vereint mit dem kapitalistischen Modell beherrscht werden. Wenn die Frauen diese Macht zurückweisen, wird das ganze System infrage gestellt. Aber sie sind heute nicht die Einzigen, die das erkannt haben und rebellieren. Auch Männer und Kinder beteiligen sich an diesem Kampf. Ich weiß noch, wie ein zehnjähriger Junge mit der italienischen Ausgabe von *Das Geschlecht des Lebens* in der Hand zu mir kam und seine Mutter bat, mir zu erklären, dass er auch ein Ökofeminist sei. Als ich ihn nach dem Grund fragte, meinte er: »Weil ich die Natur liebe und meine Mutter.« Ich betrachte Ökofeminismus sowohl als eine Weiterentwicklung des Feminismus als auch des ökologischen Denkens. Es handelt sich weder um ein oberflächliches noch ein kurzlebiges Konzept. Ökofeminismus ist keine vorübergehende Modeerscheinung. Er betrachtet das Leben unter dem Gesichtspunkt der Ewigkeit.

Eine der wichtigsten Lehren, die ich aus der Arbeit an dem Buch zog, betrifft die Wissenschaft: Das, was wir als Wissenschaft betrachten, ist in Wirklichkeit ein sehr beschränktes patriarchales Projekt, das sich über einen äußerst kurzen Zeitraum der Geschichte erstreckt und nur den ökonomischen Interessen von Männern dient. Die Naturwissenschaft ist eine Erfindung von Descartes und Bacon und beruht auf einer reduktionistischen und mechanistischen Weltsicht. Wussten Sie, dass Bacon ein Buch mit dem Titel *Die männliche Geburt der Zeit oder die große Erneuerung der Herrschaft des Menschen in der Welt* geschrieben hat? Das Buch ist nicht weniger als eine Abhandlung über die Schaffung einer dominanten männlichen Kultur zum Nachteil der vermeintlich weiblichen Weltsicht. Bacon spricht von einem neuen Zeitalter, in dem der Mensch die Natur beherrscht und am Ende eine Kultur der Objektivität entstehen könnte. Die Erforschung der Natur im Sinne eines toten Gegenstands auf der Grundlage einer mechanistisch-reduktionistischen Philosophie kam zur selben Zeit auf, als im Zuge der industriellen Revolution Kenntnisse über Methoden der Ausbeutung notwendig wurden. Die Kultur der Naturbeherrschung wurde nunmehr zur einzig gültigen Wissensform erklärt. Schützen, bewahren, erneuern – das lebensnotwendige Wissen, über das Frauen, Bauern und indigene Völker verfügen – wurden zu bloßem Aberglauben herabgewürdigt und dem Vergessen anheimgegeben. Ich erinnere mich noch, wie ich für den Neembaum vor Gericht zog. Bis dahin wurde in der gesamten westlichen wissenschaftlichen Literatur der landwirtschaftliche Nutzen des Neembaums als indischer Aberglaube abgetan. Doch kaum hatte die Agrarindustrie diesen Irrtum erkannt, patentierte sie die Pflanze. Was zuvor als Aberglaube galt, war jetzt eine »Erfindung«. Und das war bei weitem kein Einzelfall! Kurkuma beispielsweise wirkt desinfizierend: Wenn wir uns als Kinder die Knie aufschlugen, behandelten wir die Wunde sofort damit. Für die »Experten« war das natürlich primitiver Aberglaube, weil Kurkuma in der ayurvedischen Medizin verwendet wird. Vor etwa fünfzehn Jahren patentierte die Industrie es dann wegen seiner antibiotischen Eigenschaften. Diese angebliche Wissenschaft besteht darin, bestimmte Arten von Kenntnissen abzuwerten, um ihre eigenen mit Privilegien auszustatten, obwohl sie alles andere als neu sind.

Als ich mich in die Arbeit an *Das Geschlecht des Lebens* vertiefte, wurde mir klar, dass all das auf ein und dieselbe Sichtweise zurückgeht – dass das Streben nach Macht, das mit der Aneignung von Saatgut verbunden ist, dasselbe ist wie das der Unternehmen, dem sich mutige Frauen widersetzten, jener Unternehmen, die Flüsse mit Beton beherrschen und zähmen und Wasser, Nahrung, Vieh und vieles andere unter ihre Kontrolle bringen wollen. Ich erkannte, dass die Beherrschung der Natur, die Herrschaft über Frauen und über die Kulturen der Dritten Welt den Kern dieses Systems darstellen. Das gelingt dem System durch eine künstliche Konstruktion, die auf einer sehr schmalen, reduktionistischen Wissensbasis beruht mit dem vorrangigen Ziel, die Welt auszubeuten, um Profit zu machen.

Das Wort Ökofeminismus kam 1974 auf und wurde von einer Französin geprägt, einer Freundin von Simone de Beauvoir, die jedoch nie eine ökologische Philosphie formulierte. Sie schrieb ein Buch mit dem Titel *Écologie, Féminisme: Révolution ou Mutation?* (Ökologie, Feminismus: Revolution oder Wandel?, 1978) und hieß Françoise d'Eaubonne. Ich lernte diese Frau erst zwanzig Jahre nach Erscheinen von *Das Geschlecht des Lebens* und kurz vor der Veröffentlichung meines Buchs *Ökofeminismus* kennen, das ich zusammen mit Maria Mies geschrieben habe.[7] Dieses Buch ist das Ergebnis eines Austauschs zwischen zwei Umweltschützerinnen und Feministinnen: die eine aus dem Norden – Maria Mies, Professorin emerita der Soziologie an der Fachhochschule Köln – und ich aus dem Süden. Diese Zusammenarbeit war essenziell, denn der Gedanke des Ökofeminismus rührt nicht nur daher, dass Frauen in armen Ländern eine enge Verbindung zum Boden haben. Er ist auch für europäische und amerikanische Frauen von Bedeutung. Wir zeigen in dem Buch, dass das Wirtschaftswachstum weder der Umwelt noch den Frauen guttut, unabhängig davon, wo sie leben.

Viele Unternehmen werden zwar inzwischen von Frauen geführt, beispielsweise PepsiCo, Hewlett-Packard und viele indische Banken. Es sind wunderbare Frauen. Doch dieser Aufstieg verdankt sich nicht dem strukturellen Rahmen, in dem sie sich bewegen: Die Glasdecke gibt es immer noch. In Wirklichkeit sind all das Beispiele für »Superfrauen«, denen es gelungen ist, diese Decke zu durchbrechen. Und diese Handvoll Privilegierter darf uns nicht darüber hinwegtäuschen, dass Frauen insgesamt kaum von der wirtschaftlichen Entwicklung profitieren können. Für mich bedeutet die Tatsache, dass einige auf der sozialen Leiter aufrücken, nicht, dass Frauen insgesamt ermächtigt werden. Ich schaue mir an, wie der Alltag einer durchschnittlichen Frau aussieht. Dort hat sich nichts geändert. Und was die Bevorzugung von Frauen bei Grameen betrifft, so beruht sie vor allem darauf, dass Frauen ehrlich sind und ihre Kredite zurückzahlen und davon auch die Bankmanager profitieren. Ich habe mit einer Vereinigung von Mikrokreditbanken in Indien zusammengearbeitet und dort erfahren, dass die reichsten Inder, darunter auch große Unternehmen, schrecklich säumig sind, wenn es um die Rückzahlung ihrer Kredite geht. Unter diesen Umständen ist es verständlich, dass sich die Banken lieber Frauen zuwenden.

Aber auch, wenn den Frauen Kredite gewährt werden oder sie in großen Konzernen arbeiten, bleiben sie oft unsichtbar und ihre Arbeit wird durch das System entwertet. Das Bruttoinlandsprodukt bringt eine strukturelle Benachteiligung der Frauen mit sich: Sie produzieren wahrscheinlich den größten Teil des weltweiten Reichtums, was aber bei der Berechnung des BIP nicht in Betracht gezogen wird, weil hier die Güter nicht berücksichtig werden, die jemand für die Familie und sich selbst herstellt. Sie tauchen in den offiziellen Zahlen nicht auf. Die private Produktion wird von der technokratischen Maschine verschlungen. Die den Frauen eigene Intelligenz wird dadurch verunglimpft und nicht im vollen Maße genutzt.

In den Ländern des Südens produzieren die meisten Frauen für den eigenen Verbrauch, zur Befriedigung der Bedürfnisse der eigenen Familie. Mit der Macht, die Unternehmen über die Gesellschaft gewinnen, zerstören sie diese Art von Ökonomien, die sich Frauen aufgebaut haben, um autark zu sein. Dieses System zielt darauf ab, die ökologische Subsistenzwirtschaft durch intensive Landwirtschaft und die Bewahrung des Saatguts und den Handel, die in der Hand der Frauen liegen, durch die Saatgutindustrie zu ersetzen. Strukturell betrachtet gibt es in der Wirtschaft wie in der Kultur und auf dem Gebiet des Wissens einerseits ein Modell, in dem die Intelligenz der Natur und die der Frauen zusammengeführt werden – das ist Ökofeminismus – und andererseits dasjenige, in dem die Männer und der Kapitalismus ihr Herrschaftssystem aufrechterhalten: das kapitalistische Patriarchat.

Frauen als Hüterinnen des Saatguts

Frauen sind traditionell die Bewahrerinnen des Saatgutvielfalt. Dieses historische Phänomen, das allen Kulturen gemeinsam ist, beruht auf verschiedenen Tatsachen: Frauen waren seit jeher die wichtigsten Faktoren in der Landwirtschaft, in traditionellen Gesellschaften ist es beispielsweise auch heute noch ihre Aufgabe, den Reis zu pflanzen. Dazu gehört auch die Saatzucht, denn es sind vor allem die Frauen, die auf die Felder gehen und die besten Samen aussuchen; Samen, die nicht von Krankheiten befallen sind oder solche, die eine Dürre überstanden haben, und so fort. Frauen, die von der Landwirtschaft leben, betreiben ständig diese Art der beobachtenden Wissenschaft. Das ist ein Ergebnis der Arbeitsteilung, in denen es Frauen überlassen wurde, durch die Herstellung, Verarbeitung und Zubereitung von Nahrung die Existenz der

Familie zu sichern. Frauen sind somit das Bindeglied zwischen dem Acker und dem Teller: durch Bewahrung und Züchtung der Saat, durch Kochen, Abschmecken und so weiter. Und da sie für das Kochen zuständig sind, werden sie zugleich insofern zu effizienten Züchterinnen, als sie dafür sorgen, dass ihre Familien und ihre Gemeinschaften die beste und gesündeste Nahrung erhalten.

In den Anfängen der Menschheitsgeschichte gingen die Männer auf die Jagd, während die Frauen den Boden bewirtschafteten und kochten. Oft waren die Männer auch Hirten und zogen umher. Diese Arbeitsteilung kann man in den meisten traditionellen Gesellschaften immer noch beobachten, zum Beispiel in Tibet. Doch nach dem Einmarsch der Chinesen, als die Grenzen geschlossen und die Weidewirtschaft zerstört wurde, wussten die Männer dort nicht mehr, was sie tun sollten. Sie hatten über Generationen die Verantwortung für das Vieh gehabt. Die Folge ist, dass sie entweder abwandern und sich woanders Arbeit suchen oder einfach herumsitzen und trinken, rauchen und Karten spielen.

Weltweit ist die Hälfte der Bauernschaft weiblich, doch ihr Beitrag zur landwirtschaftlichen Arbeit beläuft sich in manchen Ländern auf bis zu 60 Prozent.[8] Darüber hinaus könnten sie 20 bis 30 Prozent mehr Nahrung produzieren, wenn sie denselben Zugang zu natürlichen Ressourcen hätten wie die Männer.[9] In den 1980er-Jahren betraute mich die Ernährungs- und Landwirtschaftsorganisation der Vereinten Nationen (FAO) mit einer Untersuchung zum Thema Landwirtschaft und Frauen. Damals wusste ich bereits, dass viele Frauen Landwirtschaft betrieben, aber ich hatte keine Ahnung, wie viele es wirklich waren. Erst während der Arbeit an dieser Studie erkannte ich das Ausmaß dessen, was der weiblichen Stärke und Kultur zu verdanken ist – ob in Asien, Afrika oder Lateinamerika. Heute kommt dieser Anteil der Frauen in der Landwirtschaft noch aus einer anderen Richtung: Wenn sich Menschen in Europa und den USA für die Landwirtschaft entscheiden, also nicht einen Hof oder den Beruf ihrer Eltern übernehmen, Menschen, die häufig aus ganz anderen Wirtschaftsbereichen kommen (Gesundheitssektor, IT), handelt es sich dabei größtenteils um Frauen. Ich arbeite mit einer italienischen Gruppe namens Donne in Campo (Frauen auf dem Feld) zusammen, die alle aus verschiedenen Sektoren stammen und beschlossen haben, Landwirtschaft zu betreiben. Sie hatten erkannt, dass ihre frühere Tätigkeit mehr oder weniger direkt mit der Nahrungsproduktion zu tun hatte. Als wir uns unterhielten, sagten sie: »Ich war erfolgreich in meinem Beruf, aber etwas fehlte mir.« In vielen Fällen entsteht dieses Vakuum durch einen Mangel an manueller Beschäftigung und eine fehlende Verbindung zum Land. Und so fragten sie sich: »Warum nicht selbst anbauen, was wir essen?« Und sie empfanden diesen Neuanfang als Erlösung.

Die Frauen produzieren Nahrung, die den Menschen dient, statt Lebensmittel, die vor allem die Industrie und den Markt bedienen. Männer hingegen bauen vor allem für den Markt und zu kommerziellen Zwecken an, häufig für den Export. In Indien beispielsweise stellen wir fest, dass die Methoden, die Frauen anwenden, auf Vielfalt ausgerichtet sind, denn ihr Anliegen ist nicht, möglichst viel zu verkaufen, sondern ihre Kinder gut zu ernähren. Diese Vorgehensweise führt zu besseren Erträgen auf der begrenzten Fläche, die ihnen zur Verfügung steht. Zugleich sind sie überall auf der Welt diejenigen, die in der Küche stehen und den Großteil der landwirtschaftlichen Produkte verarbeiten. Der Verkauf von Fertiggerichten durch die

Industrie wirkt sich deshalb auf ihr Leben aus: Die Unternehmen behaupten, Arbeitsplätze zu schaffen, erwähnen aber nicht, dass sie Existenzen zerstören, indem sie Subsistenzfarmen in ausbeuterische Betriebe für die Belieferung der Industrie umwandeln, die den Schwankungen des Markts und all den schädlichen Folgen der Intensivbewirtschaftung ausgesetzt sind.

Auch westliche Frauen außerhalb der Landwirtschaft stehen noch in Kontakt mit ihrer Rolle als Ernährerinnen und Hüterinnen der Artenvielfalt, denn das Nahrungssystem besteht nicht nur aus Bauernhöfen. Auch die Verarbeitung der Nahrung und das Kochen gehören dazu. Die Entscheidung, mit frischen Zutaten zu kochen statt nur industriell erzeugte, im Supermarkt erworbene Gerichte aufzuwärmen, liegt in der Regel bei den Frauen. Sich um die Kinder zu kümmern, wenn sie an einer Nahrungsmittelallergie oder -intoleranz leiden, ist ebenfalls Teil der nährenden Rolle von Frauen. Natürlich haben Frauen in den wohlhabenden Ländern meist nicht mehr Teil am landwirtschaftlichen Leben und wurden teils durch die Werbung, welche Tiefkühlkost und Fertignahrung als Befreiung vom Kochen darstellt, aus der Küche vertrieben. Die Industrie möchte sie zu einfachen Konsumenten machen. Trotzdem sind sie meist immer noch diejenigen, die entscheiden, was auf den Tisch kommt. Egal ob man in einer landwirtschaftlich geprägten Ökonomie der Dritten Welt oder in einem Industrieland lebt, Frauen spielen immer noch eine entscheidende Rolle im Nahrungssystem und können ihren Einfluss nutzen, um Bewusstsein zu wecken und die Menschen zu bewegen, sich zu engagieren. Und genau das können wir heutzutage beobachten: Waren es nicht Frauen, die in den USA die Kampagnen für die Kennzeichnung von Lebensmitteln gestartet haben, weil ihre Kinder nach dem Konsum gentechnisch veränderter Produkte Allergien entwickelten?

Befreiung der Männer

Das Gesellschaftsmodell, für das ich mich einsetze, sieht aber selbstverständlich auch einen Platz für Männer vor. Ihm liegt die Forderung zugrunde, dass Männer weiblicher werden – nicht biologisch, sondern geistig. Ich teile die Ansicht Gandhis: Er sprach jeden Tag zwei Gebete. Im ersten heißt es, dass der wahre Weise jemand ist, der sich tief in das Leid anderer hineinversetzt und mitfühlend handelt. Im zweiten Gebet aber bat er Gott, er möge ihn »weiblicher machen«. Gandhi glaubte, dass die wesentlichen Werte des Mitgefühls und Teilens durch Frauen überliefert werden, während dieser Teil des weiblichen Wesens Männern zu fehlen scheint, es sei denn, sie kultivieren ihn bewusst.

All das ist ein Erbe der letzten Jahrhunderte mit ihrer Aufeinanderfolge von Kolonisierung, Industrialisierung und dann der Globalisierung. In den Ländern des Südens wurden Männer gezwungen, in Minen und auf Plantagen zu arbeiten, statt auf ihrem eigenen Grund. In der Zeit der Industrialisierung und Globalisierung hatten Männer zwar mehr Chancen als Frauen, gleichzeitig litten aber die lokalen Ökonomien unter dem Verlust ihrer Arbeitskraft. Das besagte Erbe hat auch zu der Haltung geführt, dass Frauen nichts zur Produktion beitragen und über kein Wissen verfügen.

Dennoch ist in Ökonomien kleineren Stils, die auf der Bewahrung der Umwelt beruhen, die Rolle der Männer von essenzieller Bedeutung. In Afrika beispielsweise kommt Männern die Verantwortung für das Roden, die Vorbereitung des Bodens und des Pflügens zu, zusätzlich übernehmen sie weitere Aufgaben an der Seite der Frauen.

Die Vorherrschaft des Mannes ist für niemanden gut. Ein Mann, der auf eine dominierende Rolle reduziert wird, kultiviert eine – mehr oder weniger latente – Form der Gewalt. Frauen aber möchten als gleichwertig betrachtet werden, und das führt am Ende zu einem Teufelskreis, in dem die ganze Gesellschaft gefangen ist. Deshalb geht es beim Ökofeminismus nicht nur um die Befreiung der Frau, sondern auch darum, dass der Mann in unserer Gesellschaft seine Menschlichkeit nicht voll auszuleben vermag. Das ist das Paradox und die Ironie der heutigen Situation: Die Männer dominieren, sind aber in Wirklichkeit Gefangene männlicher Klischees. Männer werden ihres weiblichen Anteils und der damit verbundenen Möglichkeiten und Fähigkeiten beraubt. Daher ist der Ökofeminismus auch ein Heilmittel für Männer. Wer den Idealen des Ökofeminismus folgt, kann zu seiner wahren Menschlichkeit zurückfinden. Vor kurzem habe ich einen Vortrag in einer Schule in meiner Heimatstadt Dehradum über den Zusammenhang zwischen Menschenrechten und Umweltfragen gehalten. Das Publikum bestand zu 80 Prozent aus Frauen. Ich bin anschließend zum Direktor der Schule gegangen und habe zu ihm gesagt: »Als ich auf diese Schule ging, gab es eine Quote für Mädchen. 25 Prozent der Plätze waren ihnen vorbehalten. Heute müsste es bei Vorträgen zu Themen wie diesem eine Quote für Männer geben!«

Ökofeminismus in der Praxis

Um in diesem Sinne weiblicher zu werden, müssen Männer allem, was das Leben schützt und das soziale und psychische Wohlergehen fördert, mehr Zeit widmen. Sie sollten das Verhalten der Frauen in ihrem Umfeld, ihre Fürsorge für andere und ihre Art, mit anderen zu teilen, beobachten.

Dann werden sie Anregungen finden und können ihrem Beispiel folgen: Essen zubereiten, Windeln wechseln, ehrenamtlich arbeiten, Saatgut züchten, einen Gemüsegarten anlegen und so weiter. Es gibt viele Möglichkeiten, zum Schutz der Erde und der Gesellschaft beizutragen. Das kapitalistische Patriarchat hat in unserem Unbewussten tiefgreifende Störungen ausgelöst: In einem Handstreich wurde destruktives Handeln als produktiv und weibliche Kreativität als Inaktivität dargestellt – eine absolute Verkehrung der Begriffskategorien. Um weiblicher zu werden, müssen Männer all die bislang unsichtbaren oder als unnötig betrachteten Aktivitäten in der Gesellschaft und in der Natur als das kreative Handeln begreifen, das sie sind. Sie haben ohnehin nichts zu verlieren! Gegenwärtig sind annähernd 23 Prozent der jungen Europäer arbeitslos. Für sie besteht der vielleicht beste Weg zu einem sinnvollen Leben durch nützliche Arbeit darin, das Land so zu bewirtschaften und sich so für die Gemeinschaft zu engagieren, wie es Frauen in vielen Kulturen tun.

Frauen müssen zum gleichen Zweck ihre tiefsten Werte wieder hervorholen und an der richtigen Stelle verwirklichen. Und sie müssen sich trauen, anders zu sein oder sogar entgegen dem Status quo aus der Reihe zu tanzen. Es galt lange als bewundernswert, in den Krieg zu ziehen und andere Länder zu bombardieren. Heute wird die Arroganz der Finanzbranche und der Konzerne manchmal fast ebenso bewundert. Andere Länder zu brandschatzen, um investieren zu können und Rentenfonds zu füllen wird nur allzu oft als verdienstvolle Aufgabe betrachtet, während man die Bewirtschaftung des Bodens geringschätzt. Frauen müssen das tun, was sie tief in sich als bereichernd empfinden, und sich bewusst werden, wie wertvoll eine solche Arbeit ist, und wie ehrbar. Das, was Frauen und die einfachen Menschen tun, spielt eine wesentliche Rolle bei der Rettung des Planeten.

Als meine Mutter beschloss, ihre glänzende Arbeitsstelle aufzugeben und Landwirtschaft zu betreiben, traf sie eine bewusste Entscheidung. Später gab dann wiederum ich meine akademische Laufbahn und meine Forschungsarbeit auf und verzichtete auf die mit einem solchen Beruf verbundenen Ehren. Stattdessen entschied ich mich, mein Leben dem Schutz der Erde zu widmen und Einrichtungen wie unsere Organisation Navdanya zu schaffen. Solches muss aufgewertet werden. Bei einem Vortrag merkte einmal ein junger Mann kritisch an: »In meinen Wirtschaftsseminaren habe ich gelernt, dass die Agrargesellschaft der Industriegesellschaft vorausging, der dann die Dienstleistungsgesellschaft folgte. Die Landwirtschaft ist also ein rückständiger, überflüssig gewordener Sektor.« »Mag sein, aber alle Gesellschaften brauchen Landwirtschaft, um sich ernähren zu können«, entgegnete ich ihm. »Was Sie da gelernt haben, kann also nicht stimmen. Wir werden immer Landwirtschaft brauchen: Alle anderen Wirtschaftszweige hängen von ihr ab, nicht zuletzt die wichtigsten wie die Nahrungsmittel- und die Textilherstellung.«

Ökofeminismus im Norden und im Süden

Mein Dialog mit der deutschen Soziologin Maria Mies schärfte in zentralen und teils unerwarteten Aspekten die Gedanken zum Ökofeminismus. Zunächst war ihre Perspektive aus einem der wichtigsten europäischen Industrieländer interessant, um einen Vergleich zu den Ländern des Südens zu ziehen. In Deutschland löste Tschernobyl einen Schock aus. Nach der Katastrophe seien es die Frauen gewesen, die sich über die Auswirkungen auf die Ernährung Sorgen gemacht hätten, sagte Maria. Sie schlugen als Erste Alarm, dass ein großer Teil Europas durch den Unfall verseucht worden sei. Selbst in Zentraleuropa ist der Ökofeminismus also konkrete Realität und wird praktiziert. Das Verhalten dieser Frauen war ein wesentlicher Faktor, der den Blick auf die ökofeministische Bewegung erweiterte, da bis dahin die Ansicht verbreitet war, dass dieses Konzept auf die Frauen in Ländern des Südens ausgerichtet sei, von denen viele Land bewirtschaften. Es gibt zwar im Detail regionale Unterschiede, doch insgesamt lenkt der Ökofeminismus die Aufmerksamkeit darauf, dass sich Frauen praktisch überall auf der Welt mehr für die Umwelt einsetzen.

Abgesehen vom Feminismus haben Maria und ich auch andere Gemeinsamkeiten festgestellt: Wir bedauern beide, dass das Individuum heute entwurzelt und von »Mutter Erde« abgeschnitten ist. Dieses Phänomen ist auf die Reduzierung der Subsistenz- oder Selbstversorgungswirtschaft durch die Globalisierung und die großen Unternehmen zurückzuführen. Das Wachstum der Unternehmen, die ständig billige Arbeitskräfte benötigen, löst große Wanderungsbewegungen von Arbeitskräften aus. Das konnten wir auch hier in Indien beobachten – bei uns sind es vorwiegend die Vereinigten Arabischen Emirate, in die die Leute abwandern. Maria indes wusste aus unmittelbarer Erfahrung, wie es den türkischen Arbeitern in Deutschland ergangen war. Wenn wir in diesen Prozess ein wenig Weiblichkeit einbringen wollen, müssen wir unsere Verbindungen zum Land wiederherstellen, und das heißt auch, dass jeder Mensch die Möglichkeit haben sollte, in seinem Geburtsland zu leben, wenn er es möchte.

Meine Lebensweise bringt mich manchmal in Konflikt-situationen. Gewalt geht dabei hauptsächlich mittels der Polizei vom Staat aus. Da ich nicht zu den lokalen Aktivis-tinnen gehöre und ein gewisses Ansehen genieße, ist das der Polizei manchmal peinlich. Anfang der 2000er-Jahre wurden wir zum Weltwirtschaftsforum in Davos eingela-den. Ich hatte zwar ein Ansteckschildchen, das mich zum Eintritt berechtigte, aber meine Freunde und Freundinnen wurden nicht eingelassen. Es hagelte Knüppelschläge, viele wurden festgenommen und eine riesige Barrikade hinderte die Globalisierungskritiker am Zugang zum Forum. Ich trat, mein Schildchen um den Hals, an die Barrikade und stand plötzlich einem Polizisten mit Schlagstock gegenüber, der mir den Weg versperrte und bereit schien, auf mich einzuschlagen. Ich sah ihm direkt in die Augen und sagte: »Mein Kleiner, du bist jünger als mein Sohn. Wie kannst du es dir erlauben, deine Hand gegen mich zu erheben?« Als ich ihn so als Mutter ansprach, verhielt er sich wie ein zurechtgewiesenes Kind und ließ mich durch. Ich erklärte den geladenen Gästen des Wirtschaftsforums, die Absper-rung der Polizei müsse entfernt werden. Sie könnten doch nicht nach Belieben einige von uns hineinlassen, sich unsere Vorträge über Antiglobalisierung anhören und zugleich die Aktivisten draußen zusammenknüppeln. »Sie können mich nicht hier drinnen willkommen heißen und draußen verprügeln«, erklärte ich.

Ich glaube, dass weibliches Wohlwollen grundsätzlich deeskalierend wirkt, selbst in einer Konfrontation mit der Polizei oder der Armee. Ich weiß noch, wie in den Anfangs-zeiten der Globalisierung in dem Tal, in dem mein Geburts-ort liegt, ein Stahlwerk geschlossen und in eine andere Region verlegt wurde, wo das Unternehmen Fördermittel erhielt. Die Arbeiterinnen blockierten die Straße. Anfangs versuchten meine Kollegen, sie dazu zu überreden, uns durchzulassen, aber vergeblich. Dann stieg ich aus dem Auto, und die Polizei und die Frauen erklärten sich bereit, nur für uns die Straße freizumachen. In einem anderen Zusammenhang engagierte ich mich in einem Konflikt, bei dem es um Aquakultur ging, und auch da konnte ich die Polizei in dem Moment, in dem sie losschlagen wollte, zum Abzug bewegen.

Viele Frauen sind mit Gewalt konfrontiert, und viele leiden tagtäglich in ihrem eigenen Haus darunter. Aber sie werden nur selten brutal ihren Partnern gegenüber, während Männer, die beispielsweise ihren Frust aus der Arbeit nach Hause tragen, leider viel eher dazu neigen, ihre Frauen zu schlagen. Das ist eine der häufigsten Formen von Gewalt weltweit. Ich fürchte, manche glauben auch heute noch, dass sie sich damit ihre Männlichkeit beweisen könnten.

Ich muss zugeben, dass sich mein Leben seit Beginn der 1980er-Jahre in einen praktisch ständigen Kampf verwandelt hat, und zwar nicht nur in Worten und Debatten, sondern auch mit sichtlichen Folgen für mein Leben und das meiner Familie. Damals ergab eine meiner ersten durch Zahlen gestützten Studien, dass durch den Abbau von Kalkstein in Nordindien schlicht und einfach das Trinkwasser verseucht wird. Gegenüber dem Unternehmen, das mit Wirtschaftswachstum argumentierte, konnten wir zeigen, dass die Kalksteinvorkommen in den Bergen einen zweihundert Mal größeren Wert darstellten, als ihr industrieller Abbau je einbringen konnte. Ein solcher Angriff seitens einer Frau löste enorme Empörung aus, und die wurde noch erbitterter, als unser Kampf zum ersten Urteil des Obersten Gerichtshofs Indiens zugunsten der Umwelt führte. In der Begründung hieß es: »Wenn ein Unternehmen Leben zerstört, muss es seinen Betrieb um des Lebens willen einstellen.« Die Steinbrüche hätten daher grundsätzlich geschlossen werden müssen. Doch das Urteil führte zu gewaltsamen Protesten, und die Mafia, die hinter der Ausbeutung der Kalksteinbrüche steckte, bedrohte mich persönlich. Ich erinnere mich noch an anonyme Anrufe: »Vergiss nicht, dass du ein acht Monate altes Kind hast und einen achtzigjährigen Vater. Wenn dir ihr Leben teuer ist, beende diesen Kampf.« Ähnliche Einschüchterungsversuche erlebte ich 1998, auf dem Höhepunkt der Auseinandersetzungen mit Monsanto. Ich sorgte mich damals vor allem um die Sicherheit der Akten zur Klage gegen Monsanto. Wir mussten mehrere Kopien erstellen und sie an verschiedenen Orten aufbewahren. Aber sehr beeindruckt haben mich solche Einschüchterungsversuche nie. Die Zeit läuft uns davon und das sollte uns vor allem Sorgen machen.

KAPITEL 5

Frieden, Demokratie und Aktivismus

Wir verwenden den Begriff »Krieg« für gewaltsame Auseinandersetzungen wie die in Syrien, Libyen oder Afghanistan. Doch der größte Krieg, der gegenwärtig wütet, ist der gegen unseren Planeten. Ein paar wenige multinationale Konzerne wollen sich die Ressourcen der Erde unter Missachtung der elementaren ethischen und ökologischen Grenzen aneignen. Unser Wasser, unsere Gene, unsere Körperzellen, unsere Organe, unser Wissen, unsere Kultur und unsere Zukunft sind so unmittelbar bedroht wie die Gegner auf einem traditionellen Schlachtfeld.

Ist Ihnen schon einmal aufgefallen, wie viel Kriegsrhetorik die Agrarindustrie benutzt? Sie wird schon allein an der Liste der Herbizide von Monsanto deutlich: Roundup (Razzia), Machete, Lasso. Produzieren nicht dieselben Firmen, die in Kriegszeiten tödliche Gifte und vernichtende Sprengstoffe hergestellt haben, nun Agrochemikalien? Das Entlaubungsmittel »Agent Orange«, das die amerikanische Luftwaffe auf die Wälder Vietnams sprühte, um den Vietkong-Kämpfern die Deckung zu nehmen, stammte von Monsanto. Das Mittel führt bis heute zu Krebserkrankungen und Missbildungen. Der Ursprung vieler Pestizide liegt in solchen Chemiewaffen. Nach dem Einsatz von Chlorverbindungen im Ersten Weltkrieg (beispielsweise Senfgas) entdeckte man, dass man damit auch Insekten bekämpfen konnte. So wurde daraus vor allem DDT hergestellt, ein Insektenvernichtungsmittel, das bis zu seinem Verbot in den 1970ern weit verbreitet war. Später behaupteten Gentechniker, sie könnten eine ungiftige Alternative liefern. Das hat zum zunehmenden Einsatz von Pestiziden und Herbiziden geführt.

Hinzu kommt, dass diese Unternehmen vom Staat zunehmend darin bestärkt werden, sich Ressourcen anzueignen. So entsteht die gemeinsame Macht von Staat und Industrie, die unseren Planeten und die Menschen ihren Interessen unterwirft. In Indien ist das gut zu beobachten: Hier wird immer wieder die Armee gerufen, um die Bevölkerung von Land zu vertreiben, auf das Unternehmen ein Auge geworfen haben. Dasselbe ist der Fall, wenn die Polizei in Griechenland oder Spanien Demonstranten angreift, die das Offensichtliche anprangern: dass Wirtschafts-, Nahrungs- und Finanzkrisen ein klarer Hinweis darauf sind, dass sich das System erschöpft hat und unbegrenztes Wachstum auf einem Planeten mit begrenzten Ressourcen nicht möglich ist.

Der Erde Rechte geben

Wissenschaftler haben uns darauf aufmerksam gemacht, dass wir in ein neues geologisches Zeitalter eingetreten sind: das Anthropozän. Dieses »Menschenzeitalter« bedeutet, dass die chemischen, urbanen und atomaren Folgen unserer Lebensweise für Tausende von Jahren in die Geologie unseres Planeten eingeschrieben sein werden und genau wie urzeitliche Fossilien archäologische Spuren unserer massiven Einwirkung auf der Erde hinterlassen. Und dennoch reagieren manche, die diese Tatsache anerkennen und einräumen, dass die Menschheit damit in eine Sackgasse geraten ist, darauf, indem sie aggressive Methoden vorschlagen, etwa Methoden des Geoengineering. Sie weigern sich, die Waffen niederzulegen und zuzulassen, dass sich die Natur regeneriert. Stattdessen fordern sie einen technologischen Kampf gegen die Phänomene der Natur. Dazu gehören beispielsweise groß angelegte Ideen, das Klimasystem zu beeinflussen und die Erderwärmung zu verlangsamen: Einige Wissenschaftler wollen die Erde mit Sulfatpartikeln einhüllen, um den Planeten abzukühlen, die Meere mit Eisen düngen, um die Bildung von Phytoplankton zu stimulieren, oder sogar das Kohlendioxid, das sich in der Atmosphäre angesammelt hat, einfangen. Solche Vorstellungen zeigen einen äußersten Mangel an Demut und eine unendliche Arroganz des Menschen gegenüber der Natur und sind Zeichen einer ethischen und ökologischen Perversion. Für diejenigen, die Manipulationen dieser Art befürworten, ist der Mensch der Besitzer und Herrscher über die Natur und nicht ein Teil von ihr.

Eine Handvoll mächtiger Unternehmen wollen die Ressourcen unseres Planeten unter ihre Kontrolle bringen. Sie haben eine Strategie entwickelt, um sich die Ressourcen der Erde anzueignen für einen Profit auf Kosten der Natur und der Gesellschaft. Und immer wenn Gemeinschaftsgüter bedroht sind, ist auch der Frieden bedroht. Dieses Vorgehen ist in der Tat eine Form von Gewalt, da laut FAO jeden Tag Zehntausende Menschen verhungern, obwohl die Landwirtschaft an die 12 Milliarden Menschen — das ist fast das Doppelte der gegenwärtigen Weltbevölkerung — ernähren könnte.[1]

Die Verteidigung der Rechte von Mutter Erde ist folglich der wichtigste Kampf, dem wir uns heute stellen müssen — für die Umwelt wie für die Menschenrechte und soziale Gerechtigkeit. Anders werden wir keinen dauerhaften Frieden und keine Stabilität erreichen.

Flora und Fauna könnten dabei wie Menschen mit Rechten ausgestattet werden. Das ist bei weitem keine abwegige Idee: Die Debatte um eine derartige Deklaration wird bereits in der UNO geführt. Der bolivianische Präsident Evo Morales hat nach langen Gesprächen diesen Gedanken in seinem Land in die Praxis umgesetzt. In Bolivien – dessen Bodenschätze weitgehend erschöpft sind – wurde 2010 weltweit erstmals ein Gesetz erlassen, in dem die Rechte von Mutter Erde festgeschrieben wurden. Die natürlichen Ressourcen werden darin als echtes Geschenk definiert, der Natur wird das Recht auf Leben, sauberes Wasser und saubere Luft zugeschrieben, das heißt, sie darf nicht mit Schadstoffen belastet und nicht gentechnisch verändert werden. Und schließlich wird Mutter Erde als kollektives Rechtssubjekt von öffentlichem Interesse definiert. Das ist ein starkes Instrument, das den Schutz der Umwelt und der Gesellschaft wieder in den Mittelpunkt unserer Anliegen stellt. Darüber hinaus ist die Verteidigung der Rechte von Mutter Erde auch ein Beitrag zur Verteidigung der Menschenrechte. Man denke nur daran, dass überall auf der Welt indigene Bevölkerungsgruppen die Natur seit jeher als den eigentlichen Ursprung des Rechts betrachten. Im Gegensatz zur gegenwärtig verbreiteten arroganten Haltung sehen sie sich nicht als Herrscher über die Natur, sondern als Teil einer großen Familie, mit den gleichen Rechten wie die Pflanzen und Tiere um sie herum.

Die dritte grüne Revolution

Leider ist das Konzept der Grünen Wirtschaft, das viele Konzerne als Lösung der Probleme darstellen, nur eine Fortsetzung der Inbeschlagnahme von Rohstoffen. Jedes

Glied des fragilen Biodiversitätsnetzes gerät mit einer Privatisierung, Extrahierung und Kommerzialisierung durch Unternehmen in Gefahr. Aus der Sicht der großen Multis muss der kleinste Grashalm »bepreist«, auf dem kleinsten Stück Land nach Gold geschürft, der winzigste Tropfen Wasser aus dem Boden gepumpt werden. Alles wird durch den Filter der Industrie betrachtet – Artenvielfalt ist dabei nur ein unbearbeiteter Rohstoff. Doch diese Gier führt zu Wasserkriegen, Konflikten um Landgrabbing und Ölförderung. Trotzdem legt die Industrie nicht die Waffen nieder. Zudem begnügt sie sich nicht mehr damit, natürliche Ressourcen zu rauben, sondern möchte sich auch natürliche Vorgänge aneignen. Das Holz der Wälder reicht ihr nicht mehr, sie möchte auch den Prozess der Photosynthese in ihren Besitz bringen, das heißt, die Funktionsweise der Natur. Das Ziel dabei ist, diese Prozesse zu finanzialisieren und dann mit ihnen an der Wall Street zu spekulieren.

Das aber wäre eine Kontrolle der Natur auf einer viel tieferen Ebene – eine dritte grüne Revolution. In der ersten grünen Revolution wurde Chemie in die Landwirtschaft eingeführt, in der zweiten Biotechnologien, insbesondere genetisch veränderte Organismen (GVO), und in der dritten soll es die synthetische Biologie sein: eine noch in der Entwicklung befindliche Technologie, die natürliche Organismen in »lebende Fabriken« und Brennstoffe verwandeln soll. Man hofft, biologische Systeme zu schaffen, die wie Computer oder Fabriken funktionieren. Chemische Reaktionsketten, bei denen künstlich Mikroorganismen (beispielsweise Bakterien) geschaffen werden, sind sozusagen »Zellfabriken« zur Produktion von Molekülen. Diese wiederum bilden die Grundlage für die Produktion von Polymeren und Brennstoffen aus rohem Pflanzenmaterial. Die drei genannten Revolutionen beruhen auf ein und derselben Annahme, nämlich dass das Leben ein Rohstoff ist und die Organismen, aus denen es sich zusammensetzt, einfache Maschinen sind.

Dabei wird jedoch nicht berücksichtigt, dass alles Lebendige komplex ist, auf Vielfalt beruht und eine Art Autonomie besitzt, mithin auf Selbstorganisation beruht. Die ersten beiden Revolutionen waren daher zum Scheitern verurteilt: Chemikalien und intensive Landwirtschaft führten unausweichlich zu Monokulturen, obwohl längst bekannt war, dass die Biodiversität von entscheidender Bedeutung für das Leben ist. Und in der Biotechnologie wird von der Annahme ausgegangen, dass Gene unter der Bedingung der Isolation agieren können, obwohl jedes einzelne in Wirklichkeit von anderen abhängig und Träger einer Vielzahl von Eigenschaften ist (Ertrag, Resilienz und so weiter). Die dritte Revolution entfernt sich noch weiter von den Grundlagen des Lebens auf der Erde. Biomasse gilt bisher theoretisch als unproduktives, unwirtschaftliches und unnötiges Material, es sei denn, sie wird in Biokraftstoff umgewandelt. Die dritte grüne Revolution wird als neue »Bioökonomie« bezeichnet. Den Lobbyisten zufolge, die sich für sie stark machen, werden bald die Länder und Unternehmen, die diesen Kurs einschlagen, die neue Wirtschaftsära, die hier angekündigt wird, genauso beherrschen wie die Öl produzierenden Länder die heutige Wirtschaft bestimmen. Dennoch räumen die Verfechter dieser sogenannten Innovation ein, dass es sich in Wirklichkeit bloß um eine Fortsetzung der Öl- und Kohlenstoffära handelt, mit der wir bereits vertraut sind.

Die Weltbank erwartet, dass bis 2030 zwischen 18 und 44 Millionen Hektar landwirtschaftliche Fläche, die gegenwärtig zur Nahrungsproduktion genutzt werden, in Flächen für die industrielle Produktion vor allem von Biokraftstoffen umgewandelt werden. Unterdessen dürfte die weltweite Produktion von Bioethanol und Biodiesel weiterhin rasch zunehmen und bis 2020 auf ein Niveau von 155 beziehungsweise 42 Milliarden Litern klettern.[2] Durch diese Verschiebung entsteht ein großer Druck auf das Agrarland, der jetzt schon dadurch ins Rollen gebracht wird, dass Investoren inzwischen überall auf der Welt urbaren Boden aufkaufen: Morgan Stanley hat 40.000 Hektar in der Ukraine erworben, BlackRock hat einen 200 Millionen Dollar schweren landwirtschaftlichen Investitionsfond aufgelegt, wovon 30 Millionen für Landkäufe vorgesehen sind, und die Vereinigten Arabischen Emirate haben eine Gesamtfläche von 900.000 Hektar in Pakistan gekauft. Auch in Afrika hat diese Entwicklung beispiellose Ausmaße angenommen: Investoren sind dort die neuen Freibeuter, sie läuten praktisch eine neue Kolonialzeit für den Kontinent ein. Nach der Spekulation mit Nahrung wetten die Player des Finanzsektors jetzt auf Grund und Boden.

Die Versöhnung von Ökonomie, Wissenschaft und Demokratie

Die zehn größten Agrarchemiekonzerne haben in den letzten 30 Jahren Hunderte Saatgutunternehmen aufgekauft. Damit kontrollieren sie zwei Drittel des weltweiten Saatgutmarkts und 65 Prozent der Patente und Produkte der landwirtschaftlichen Biotechnologie. Diese Konzentration stellt schlicht eine Bedrohung für die Demokratie dar. Das wäre in jeder Branche so, doch im Saatgutbereich hat diese Machtübernahme besonders schwerwiegende Folgen, da Saatgut die Grundlage von allem ist, von Baumwollfasern für unsere Kleidung bis zum Getreide, Gemüse und Öl für unsere Ernährung. Aber es handelt sich nicht um etwas, das uns erst in Zukunft droht: Schon seit Jahren erleben wir einen echten Verlust an Wahlmöglichkeiten. Durch aggressive Lobbyarbeit üben Unternehmen oft erheblichen Einfluss auf Gesetze über Saatgut aus, obwohl Gesetze doch eigentlich von gewählten Volksvertretern gemacht werden sollten. Diese Machtkonzentration verwandelt die Demokratie, in der Entscheidungen vom Volk für das Volk getroffen werden sollen, in ein Instrument der Unternehmen. Ein drastisches Beispiel ist das Gesetz, das wir »Monsanto Protection Act« (Gesetz zum Schutz von Monsanto) nennen. Dieses Geschenk, das der amerikanische Gesetzgeber im April 2013 dem Saatgutriesen machte, enthält eine Klausel, die amerikanische Gerichte daran hindert, den Anbau genetisch veränderter Pflanzen zu verbieten, selbst dann, wenn ihre Freigabe gerichtlich angefochten wurde. Mit anderen Worten, das Gesetz, dem der amerikanische Kongress zugestimmt hat und das von Präsident Obama unterzeichnet wurde, spricht amerikanischen Gerichten das Recht ab, den Verkauf und den Anbau genetisch veränderter Pflanzen zu stoppen, selbst wenn dies schwerwiegende Folgen für die Umwelt oder die öffentliche Gesundheit hat. Dieser Großangriff auf die Demokratie rief einen derartigen Aufschrei (in Form von Petitionen, Demonstrationen und so weiter) hervor, dass das auf sechs Monate befristete Gesetz nicht verlängert wurde.

Die multinationalen Konzerne mischen auch in internationalen Institutionen mit. Mitverfasser des Agrarabkommens der Uruguay-Runde (der achten im Rahmen des GATT durchgeführten Welthandelsrunde) beispielsweise war der ehemalige Vizepräsident der Firma Cargill, Dan Amstutz. Das Ziel des Abkommens war, der Agrarchemie die Märkte in den Ländern des Südens durch die Umwandlung kleinbäuerlicher Selbstversorgungsbetriebe in Industriefarmen zu öffnen, um den Absatz von Pflanzenschutzmitteln zu steigern. Asien, das auf dem Sprung zum weltgrößten Agrarproduzenten ist – die Mehrheit der Bevölkerung arbeitet dort in diesem Sektor –, ist beispielsweise einer der wichtigsten Märkte für Cargill. Die enormen Profite, die die internationalen Konzerne erzielen, ermöglichen ihnen, die Demokratie praktisch zu kapern. Unternehmen können riesige Summen für Lobbyarbeit aufbringen, was ihnen eine unverhältnismäßig große Macht verleiht. In Indien beispielsweise kämpfen diese Lobbys zurzeit immer noch für die Bt-Aubergine, obwohl sich unsere gewählten Volksvertreter ausnahmslos gegen gentechnisch veränderte Organismen ausgesprochen haben. Sie geben niemals nach. Das Parlament hat aufgrund der Ergebnisse einer vierjährigen GVO-Studie die Zulassung abgelehnt, der Oberste Gerichtshof eine Expertenkommission eingesetzt, deren Urteil negativ ausfiel, öffentliche Anhörungen ergaben ebenfalls eine klare Ablehnung und es wurde sogar ein Moratorium beschlossen. Sämtliche zentralen Organe der Demokratie waren also gegen GVOs, und das auf der Grundlage allgemein anerkannter Gutachten. Aber die Lobbys belagern all diese Institutionen unablässig. Bis jetzt hatten sie damit keinen Erfolg, aber wir müssen wachsam bleiben.

Partizipative Wissenschaft

Die indische GVO-Gesetzgebung ist unter anderem deshalb so anders, weil in Indien die Experten, die 1989 die entsprechenden Gesetze schrieben, führende Molekularbiologen waren. Sie wussten genau, welche Folgen genetische Veränderungen haben, und zugleich hatten sie keine Verbindungen zur Industrie. Sie arbeiteten ausschließlich im Auftrag des Staats. Das Gesetz, das sie entwarfen, beruhte daher allein auf wissenschaftlichen Forschungsergebnissen.

Da die Landwirtschaft von der Verfassung geschützt wird, verfügt der Staat hier über echte Macht und die Bauern genießen eine Reihe von Rechten.

In krassem Gegensatz dazu konnte Monsanto in den Vereinigten Staaten gewaltigen Einfluss gewinnen und entsprechenden Einfluss auf die Gesetzgebung ausüben.

In der Folge hat Monsanto mithilfe der US-Regierung dem Rest der Welt seine Interessen aufgezwungen. In den 1980er-Jahren bestimmte das Unternehmen die Haltung des Weißen Hauses in dieser Frage, das wiederum die internationale Gesetzgebung in die entsprechende Richtung drängte.

Um dieser Übernahme unseres Rechtssystems durch große Konzerne entgegenzuwirken, ist es dringend nötig, dass wissenschaftliche Forschung demokratisiert wird – ob es um die GVOs geht oder um andere Fachgebiete. Als ich Ende der 1970er-Jahre meine Doktorarbeit über Quantentheorie fertigstellte, erschien mir die akademische Laufbahn, die sich mir eröffnete, auf einmal weniger attraktiv, weil mir auffiel, dass viele Forscherkollegen sich Fragen von außen weitgehend arrogant verschlossen. Aus meiner Sicht war ein echter Wandel vonnöten, um zu verhindern, dass die Industrieunternehmen Wissenschaftler dazu benutzen, ihre Agenda durchzusetzen. Und bald bot sich mir die Gelegenheit, der Öffentlichkeit meine Sicht zu präsentieren: Als ich nach meiner Dissertation nach Indien zurückkehrte, betraute mich das Umweltministerium mit einer Untersuchung über die Auswirkungen des Bergbaus auf das natürliche Ökosystem im Doon-Tal, wo ich zur Welt kam. Die Wasserversorgung in der Region hing weitgehend von einer Kalksteingürtel genannten Formation ab, einem unterirdischen geologischen System, das das Gebiet umschloss. Die Bergbauindustrie erwarb diese

Kalksteinzone, um das Gestein abzubauen. Ich nutzte die Studie, um partizipatorische Forschungsmethoden unter direkter Beteiligung der lokalen Bevölkerung einzuführen. Die Dorfbewohner vor Ort bezogen ihr Wasser aus dem Ökosystem, das ich untersuchen sollte, deshalb schienen sie mir bestens geeignet, mir zuverlässige Informationen zu liefern. Wir sammelten die Aussagen von fünfhundert Dorfbewohnern, die, wie sich herausstellte, profunde und gründliche Kenntnisse über das Gebiet hatten, wussten, wo das Wasser zutage trat, und mir sagen konnten, wie sich die Flusspegel durch den Kalksteinabbau verändert hatten, und so weiter. Letztlich bekamen wir auf diese Weise Daten, mit denen wir die Auswirkungen des Kalksteinabbaus auf das System der Wasserversorgung beziffern konnten. So kann eine partizipative und demokratischere Wissenschaft aussehen.

Auch bei so komplexen Themen wie GVOs ist eine Beteiligung von Bürgern denkbar. Früher hatten die Bauern schließlich viel mit diesen Dingen zu tun, weil sie ihr eigenes Saatgut heranzüchteten. Daher sind sie auch in der Lage, die Folgen abzuschätzen. Ich begriff das erst, als sich Monsanto 1988 im Land breitmachte. Ich fertigte eine Kurzfassung meines Forschungsprojekts an, die in Telugu, Marathi und viele andere Sprachen des Subkontinents übersetzt wurde, und verschickte diese Broschüren, die auch Karten mit den Orten illegaler Tests enthielten, an Bauern im ganzen Land. In der kurz gehaltenen Broschüre wurde Monsanto vorgestellt und die Geschichte des Unternehmens beschrieben. Anhand des Beispiels Baumwolle wurden dann Themen im Zusammenhang mit GVOs erläutert. Die Bauern begriffen daraufhin sofort, was vor sich ging, und es fanden überall Aktionen dazu statt.

Ich habe diese Methode, Dinge auf allgemeinver-
ständliche Art zu erklären, inzwischen auch außerhalb von
Indien angewendet, zum Beispiel, als ich gebeten wurde,
ein Lehrprogramm für Umweltstudien an der Universität
von Montréal zu entwickeln. Ich beraumte ein Treffen
sämtlicher Lehrkräfte an, bei dem ich anregte, unabhängig
von der jeweiligen Fachrichtung biotechnologische Themen in die Lehrmodule zu integrieren. Das ist eine Möglichkeit, über Experten hinaus öffentliches Bewusstsein zu
wecken und zugleich zu zeigen, was alles auf dem Spiel
steht. Viele Dozenten erklärten mir daraufhin: »Das ist zu
kompliziert, ich habe ja selbst keine Ahnung von diesen
Technologien, wie soll ich dann darüber sprechen?« Deshalb beschloss ich, zusammen mit ihnen Handreichungen
für den Unterricht zu verfassen, die auf die einzelnen Disziplinen zugeschnitten waren – also ein Buch darüber, was
Biologieprofessoren, was Dozenten der Politikwissenschaft,
der Geschichte, der Soziologie und so fort über Biotechnologien wissen sollten. Man muss nicht Biologe sein, um zu
verstehen, um was es geht. Wissen ist auf ganz verschiedenen Ebenen möglich. Die Unternehmen und Experten behaupten: »Ihr einfachen Menschen beherrscht die
Wissenschaftssprache nicht, also könnt ihr das alles nicht
verstehen, eure Meinung ist irrelevant.« Das ist etwa so, als
würde man sagen: »Wenn ich nicht Französisch spreche,
verstehe ich die Franzosen nicht, weil ich Inderin bin.« In
Wahrheit bedienen sich die verschiedenen wissenschaftlichen Disziplinen verschiedener Sprachen, um den Zustand
der Welt zu beschreiben. Jeder von uns kann sie sich so weit
aneignen, dass sie ihn in ausreichendem Maße befähigt,
an der Debatte teilzunehmen. Wir müssen uns dieser Auf-
splitterung durch Hyperspezialisierung entgegenstellen,
die typisch für die mechanistische Theorie ist. Jeder muss

die Möglichkeit haben, sich darüber zu informieren, um was es in wissenschaftlichen Disziplinen geht, ohne gleich darauf spezialisiert zu sein, und so ein Querschnittswissen über die Welt zu gewinnen.

Manche Wissenschaften sind für viele von uns einfach zu schwierig zu verstehen. Deshalb muss sie auch nicht jeder erlernen oder die Details kennen. Wenn man feststellt, dass ein Unternehmen antibiotikaresistente Gene in eine Pflanze einschleust, hegt man ja sofort den Verdacht, dass das nicht gut sein kann. Die Menschen wissen, was Antibiotika sind, und daher auch, was antibiotikaresistente Gene bedeuten. Man weiß, dass es einem nicht guttun kann, Lebensmittel zu sich zu nehmen, die solche Gene enthalten. Es ist eine Sache des gesunden Menschenverstands! Jeder weiß, dass Bakterien im Kontakt mit Antibiotika resistent werden und sich zu Superbakterien entwickeln können – wir kennen die grundlegenden Gefahren. Ebenso ist es absolut legitim, wenn ein Biobauer dieses oder jenes Produkt ablehnt, ohne dass er dessen molekulare Struktur kennt. Kurz, das Recht zu entscheiden, welche Art von Saatgut man verwenden will, die eigene Ernährungsweise zu bestimmen, darf nicht von der eigenen wissenschaftlichen Ausbildung abhängen. Bei der jeweiligen Entscheidung müssen beispielsweise auch die Machtverhältnisse zwischen den Unternehmen und der Bevölkerung und die Auswirkung von GVOs auf die Ökosysteme berücksichtigt werden. Wie sich erweist, ist ein grundlegendes Wissen über diese Beziehungen jedermann zugänglich und nicht besonders kompliziert. Also können alle unabhängig von ihrer Rolle eine Meinung zu solchen Themen haben!

Jede Information über Sachverhalte, die sich eventuell auf das Leben der Bevölkerung auswirken, sollte für jedermann zugänglich sein. In Indien hat Monsanto im Fall der Bt-Aubergine beispielsweise versucht, bestimmte Testergebnisse mit der Begründung unter Verschluss zu halten, dass es sich dabei um Daten handle, die Marktanalysen beinhalten. Der Beauftragte der Untersuchungskommission stellte in seiner Beurteilung fest, das beeinträchtige die Rechte der Bürger, wirtschaftliche Gründe seien dafür nicht ausreichend. Die Daten müssten für jedermann zugänglich sein. Folglich wurden sie auf einer Website veröffentlicht. Damit haben wir es geschafft, mehr Transparenz durchzusetzen, und so hat in Indien heute jeder Zugriff auf das Datenmaterial, das er benötigt.

Es gibt zwei Gründe, warum solche Informationen für alle verfügbar sein müssen. Der erste hat mit der Macht der Lobbyisten zu tun: Die Manipulation der Wissenschaft beruht auf Geheimhaltung und vertraulicher Behandlung der Daten. Wir müssen von öffentlichen Vertretern und Wissenschaftlern Offenheit und Transparenz einfordern. Der zweite Grund betrifft die Gefahren, die mit bestimmten Erfindungen verbunden sind. So wurde etwa die Tatsache, dass GVOs die Befruchtung der Pflanzen verhindern, in umfassenden Studien eindeutig nachgewiesen. Unter anderem trug auch der Fall, den Steve Marsh, ein australischer Biofarmer, vor Gericht brachte, dazu bei. Er hatte 2010 für 70 Prozent seiner Ackerfläche die Biozertifizierung verloren, nachdem seine Nutzpflanzen, vor allem Raps, durch GVOs von einer Nachbarfarm kontaminiert wurden. Obwohl der Kläger vor dem Obersten Gerichtshof des Bundesstaats West-Australien zeigen konnte, dass diese Verbreitung der Samen schwerwiegende Auswirkungen auf seinen Betrieb hatte, entschied das Gericht gegen ihn und er scheiterte auch im Berufungsverfahren.

Die Veröffentlichung aller Daten würde aber auch unabhängigen Wissenschaftlern indirekt Schutz gegenüber multinationalen Konzernen bieten. So konnte zum Beispiel die Lobby für die Einführung von GVOs mit ihren undurchsichtigen Aktionen für Verwirrung sorgen und Zweifel an den Arbeiten von Gilles-Éric Séralini und Árpád Pusztai säen, die nachgewiesen haben, dass diese Organismen schädlich für die öffentliche Gesundheit sind – obwohl ihre Studien in den führenden Wissenschaftszeitschriften der Welt veröffentlicht worden waren.

Menschen vor Konzernen schützen

Um die Bürger vor den teils nachgewiesenen, teils noch unklaren gesundheitlichen Gefahren zu bewahren, würde es eigentlich ausreichen, die bestehenden Bestimmungen in die Praxis umzusetzen, jedes einzelne Gesundheits- und Umweltgesetz tatsächlich auch anzuwenden und die vorhandenen demokratischen Institutionen zu nutzen. Die Strategie der Lobbyisten von Monsanto besteht darin, für Gesetze zu sorgen, die unverfänglich erscheinen, sich aber in der Praxis als Trojanisches Pferd erweisen, indem sie bestehende Bestimmungen außer Kraft setzen. Es ist eine subversive Strategie zur Aushöhlung der Demokratie, die beobachtet und bekämpft werden muss. Alle staatlichen Institutionen müssen sich an allererster Stelle für den Schutz der Bürger einsetzen.

In Indien kämpfen wir dafür, dass Bürgermeister und Kommunen unter Berufung auf die bestehenden Gesetze Widerstand gegen die agrochemische Industrie leisten und Produkte zurückweisen können, die sie nicht wollen. Inzwischen haben so dreizehn Regionalparlamente den Anbau der Bt-Aubergine abgelehnt. Einige haben auch angeordnet, Hybridmaispflanzungen zu zerstören. Diese lokalen Institutionen sind neben der Informierung der höchsten Ebenen von großer Bedeutung: Wenn die Unternehmen die Zustimmung von zwei Institutionen bekommen, von acht anderen aber nicht, geben sie auf. Sie wollen alles oder nichts. Das ist auch der Grund, warum sie in Europa den Mut verlieren. Der beste Weg, für die Umsetzung bereits vorhandener Gesetze zu kämpfen, besteht also darin, alle demokratischen Institutionen wie auch die vielen betroffenen Wissenschaftszweige in Dienst zu nehmen. Schließlich gilt der biologische Schutz nicht nur für die Produktion, sondern auch für die Auswirkungen eines Produkts (beispielsweise von GVOs) auf alle lebenden Organismen – Pflanzen, Tiere Menschen und so fort. Deshalb müssen gerade die Disziplinen, in denen es den Biotechnologen an Expertise fehlt, ihren Beitrag leisten.

Italien ist in gewisser Weise ein Vorbild für lokale Demokratie und den Kampf gegen GVOs, denn dort verfügen die einzelnen Regionen über eine bemerkenswerte Gesetzgebungskompetenz. Einige nutzten sie, um gentechnisch veränderte Nutzpflanzen auf ihrem Territorium zu verbieten. Überhaupt werden in diesem Land viele Entscheidungen auf lokaler Ebene getroffen, womit die Italiener eigentlich nur die Grundlagen der Demokratie beachten. Auch Indien ist sehr erfolgreich im Kampf gegen GVOs, aber unsere Wahlfreiheit ist dennoch bedroht. Zurzeit kämpfen wir gegen die Verwässerung unserer Gesetze zur Biosicherheit. Die Lobbyisten würden an ihrer Stelle gern ein Gesetz zum Schutz von Monsanto in Indien sehen. Es soll aus einem Guss sein, einem einzigen Prinzip folgen, sogar nur aus einem einzigen Text bestehen, und das für einen Bereich, in dem Differenzierungen notwendig sind.

So stellen sich beispielsweise im Zusammenhang mit Nahrung andere Fragen als im Hinblick auf die Medizin. Und die Einschleusung eines Enzyms in einen Organismus verlangt andere Bestimmungen als das schlichte Aussäen von Samen. Durch diese Vermischung der Themen versucht die Agrarchemie-Lobby, die Vorschriften abzuschwächen. Mit einem Gesetz, wie sie es sich vorstellt, würde Indien dasselbe System der Selbstregulierung der Industrie wie in den USA bekommen, obwohl doch der Schutz der Biosphäre in Indien eine Staatsaufgabe ist.

Aufruf zum zivilen Ungehorsam

Die Menschen werden oft zu dem Glauben verleitet, es gebe keine Alternative zum herrschenden System, ihre Meinung zähle nicht und Bürgerinitiativen hätten keine Erfolgschancen – so groß ist die Macht der multinationalen Konzerne. Den Menschen in Erinnerung zu rufen, dass sie einen entscheidenden Hebel in der Hand halten, hat deshalb absolute Priorität. Aber wie fesselt man die Aufmerksamkeit der Öffentlichkeit? Welche Aktionen können dazu dienen, Bewusstsein zu schaffen? Auf diese Frage gibt es ebenso viele Antworten, wie es Aktivisten gibt, weil wir uns alle auf ganz unterschiedliche Weisen engagieren. Die Zeiten, in denen Aktivisten daran gearbeitet haben, eine geschlossene Bewegung aufzubauen, sind längst vorbei. Dieser hierarchische Ansatz hat der ökologischen Sache ohnehin stets einen Bärendienst erwiesen. In der Frage der Organisation und Mobilisierung fühle ich mich von Gandhis Botschaft inspiriert: Eine pyramidenförmige Gesellschaft, in der die Spitze die Basis erdrückt, auf der sie steht, lehnte er absolut ab. »Demokratie muss stets in die Breite, niemals in die Höhe wachsen«, sagte er. Sie muss sich horizontal, nicht vertikal, ausbreiten. Die Bewegung sollte Wellen gleichen, die ein geworfener Stein in einem ruhigen Meer erzeugt, in dem jedes Individuum ein Zentrum ist und jedes Zentrum die anderen stützt. Jeder muss fähig sein, all jene zu schützen, die in seinen Kreis eintreten. Dieser Schutz entsteht meiner Meinung nach durch das Entstehen einer anderen Vorstellungskraft. Was nicht heißen soll: »Unsere Vorstellungskraft wurde von Monsanto gekapert, jetzt ersetze ich sie einfach durch etwas anderes.« Nein, unsere Vorstellungskraft ist fruchtbar und kann sich selbstständig entwickeln. Die offene Botschaft lautet: »So sieht es in der Welt aus, jeder möge daraus seine Schlussfolgerungen ziehen.«

In unserer NGO Navdanya wird diese Vision, die darin besteht, jedes Mitglied zu stärken, in die Praxis umgesetzt. Im Gegensatz zum pyramidenförmigen Management, das versucht, die Zügel in der Hand zu behalten oder wenigstens die Illusion der Kontrolle zu vermitteln, schaffe ich lieber die Bedingungen für die freie Meinungsäußerung für jeden und jede innerhalb des Verbands. Ist das einmal geschafft, ist es nicht mehr nötig, überall und immer präsent zu sein. Ich will nicht jedes kleine Detail der Farm und der Bewegung kontrollieren. Lieber biete ich nach Möglichkeit gute Ideen an.

Für mich war Gandhis größte Leistung etwas, das wir *satyagraha* nennen: der »Kampf für die Wahrheit«. Für den Mahatma besteht unsere höchste moralische Pflicht darin, den Gehorsam gegenüber ungerechten Gesetzen zu verweigern. Ziviler Ungehorsam ist nichts anderes als die Umsetzung dieses Konzepts, das untrennbar mit Gewaltlosigkeit verbunden ist. Gandhi hat erklärt: »Solange der Aberglaube besteht, wir müssten ungerechten Gesetzen gehorchen, wird die Sklaverei weiterbestehen.«[3] Diese Aussage ist aktueller denn je: Die Menschen von heute erfahren eine neue Form der Sklaverei, die auf Konsum und der Unterwerfung unter Konzerne beruht. Ungehorsam bedeutet jedoch nicht nur Kritik und Neinsagen, er muss auch kreativ sein und Alternativen vorschlagen.

Unsere Methoden der Bürgermobilisierung ruhen auf zwei weiteren Säulen: *swadeshi* und *swaraj*, das heißt »Selbstversorgung« und »Selbstbestimmung«. Der erste Grundsatz lädt ein, zu einer Form der wirtschaftlichen Unabhängigkeit und Resilienz zurückzukehren, indem wir selber herstellen, was wir brauchen. Dieses Konzept nimmt heute bereits Gestalt an, insbesondere durch die Bewegungen für die regionale Lebensmittelerzeugung, die auf der ganzen Welt entstehen. Ohne es recht zu merken, sind die Menschen zu reinen Konsumenten geworden und damit extrem abhängig von großen Konzernen, wobei sie viel wertvolles Wissen eingebüßt haben. Dieses Wissen wird sich in zukünftigen Krisen noch als sehr wertvoll herausstellen. Deshalb ist es zentral, die Abhängigkeit von den multinationalen Konzernen abzuschütteln und den Gebrauch unserer Hände wiederzuentdecken. Die Selbstversorgung ist daher eine der Voraussetzungen für Selbstbestimmung oder *swaraj*.

Swaraj verweist auf Freiheit, darunter auch die Freiheit zum Ungehorsam. Vor allem aber erinnert er uns an die universelle Verantwortung, die wir alle für unsere Gemeinschaft, unser Land und den Planeten tragen. *Swaraj* war in vielen unserer Kämpfe in Indien ein kritisches Element: Sollten die Gemeinden ihre Wasserversorgung nicht selbst verwalten – dieses Gemeingut, von dem das Überleben der ortsansässigen Bevölkerung abhängt? Und sollten sie nicht auch das Recht haben, das Saatgut selbst zu vermehren, das auf den Feldern ausgebracht wird? Das ist eine Frage des gesunden Menschenverstands, die jedem auf der ganzen

Welt einleuchten müsste. Das Prinzip der Dezentralität und »Selbstverwaltung« sollte hinter jedem Kampf um Mitwirkungsmöglichkeiten stehen, man muss nicht erst auf die Anweisungen einer Dachorganisation oder irgendeiner Hierarchie warten. Das stärkt die gesamte Bewegung ganz erheblich. Ich freue mich, dass in Europa die drei Säulen dieser Philosophie Gandhis vielfach praktiziert werden, insbesondere in Bewegungen wie Transition Towns, Colibris und der Essbaren Stadt. Macht weiter so! Auch ihr könnt Kinder Gandhis sein!

Aktivismus kultivieren

Ich glaube, Aktivismus beginnt in Kopf, Herz und Hand von jedem einzelnen. Diejenigen, die unserem Planeten Schaden zufügen, benutzen nur ihren Kopf. Sie lassen sich weder von ihrem Herzen noch von ihrem Gewissen leiten. Auch unterschätzen sie die Wichtigkeit der Handarbeit. Die Industrialisierung hat sich in jeden Sektor gedrängt und die Folge ist, dass wir es fast ganz verlernt haben, unsere Hände zu gebrauchen. Das kommt einer Amputation gleich. Wenn die Hände nicht arbeiten, arbeitet auch das Gehirn nur teilweise. Bei uns in Navdanya muss den Menschen, die Handarbeit leisten, niemand sagen, was sie tun sollen. Sie sehen selbst, dass ein Feld gepflügt werden muss. Sie haben eine enge Verbindung zur Erde und davon lassen sie sich leiten. Mir fällt immer wieder auf, dass die gebildeteren unter unseren Teilnehmern viel eher auf Anweisungen von uns warten. Zur inneren Veränderung gehört also die Wiederentdeckung der Handarbeit. Das ist der Dreh- und Angelpunkt der großen ökologischen und sozialen Revolution der Gegenwart. Insbesondere in der Landwirtschaft ermöglicht uns das nicht nur die Gestaltung einer Alternative, sondern es gibt den Menschen die Resilienz, mit einem

Zusammenbruch der Wirtschaft fertigzuwerden. Zum Beispiel haben sich viele junge Griechen angesichts der Krise wieder der Landwirtschaft zugewandt. Schließlich schafft solches *Empowerment*, also das individuelle und autonome Engagement, eine Art Quanten-Aktivismus: Viel zu lange hat Aktivismus mechanisch funktioniert und jeder Akteur wurde als Rädchen mit einem festen Platz im Getriebe gesehen. In Wirklichkeit ist jeder Einzelne eine lebendige, autonome Kraft, die mit anderen vernetzt ist.

Kooperation eine sehr wichtige Dimension des Aktivismus. Aktive, die entdecken, dass noch viele andere für dieselbe Sache arbeiten, fühlen sich viel stärker. Aus diesem Grund hat uns auch das Bündnis für die Erde (Global Alliance for Seed Freedom) ermöglicht, zahlreiche Hürden zu überwinden. Die meisten Gentechnikgegner weltweit kämpfen »nur« gegen gentechnisch veränderte Organismen. Ich sage ihnen immer: »Die Tatsache, dass ihr den Boden nicht bearbeitet, dass ihr euer Essen nicht selbst anbaut, schwächt euch. Ihr könnt nicht die ganze Zeit nur Nein, Nein, Nein sagen. Davon werdet ihr nicht satt!« Auch denken viele Anti-Gentechnik-Aktivisten viel zu kleinteilig. Wenn sie Briten sind, kämpfen sie gegen britische Gesetze. Als Europäer sehen sie alles auf europäischer Ebene. Ich sage ihnen: »Nein, es geht um den ganzen Planeten!« Die fünf größten Saatgutkonzerne operieren weltweit. Deshalb müsst ihr, auch wenn ihr Kolumbianer seid, wissen, was sich in Europa tut. Inder müssen über das Geschehen in den Vereinigten Staaten Bescheid wissen. Und die Amerikaner müssen verstehen, was in Afrika auf dem Spiel steht. Dieses schlichte Bemühen um Offenheit bereichert den Informationsaustausch über positive Initiativen, worum überall gekämpft wird und was man daraus gelernt hat. Damit verändert sich das Potenzial des Aktivismus radikal; wir haben nun eine breite Bürgerbewegung gegen die Industriegiganten, die viel stärker ist als die Summe ihrer einzelnen Mitglieder.

Die heutigen Methoden zur Mobilisierung der Menschen sind dieselben wie in den 1990er-Jahren: Informationen allen zugänglich zu machen hat dabei nach wie vor absolute Priorität. Nichts ist für den Aktivismus hilfreicher, als den Bürgern die Möglichkeit zu geben, sich im voraus Gedanken zu machen. Dass wir Trainingscamps organisiert haben, auf denen zahlreiche Gruppen, Bauern und Aktivisten zusammenkommen, war bei uns damals die maßgebliche Initiative zur Vorbereitung der Demonstration mit 500.000 Teilnehmern in Bangalore. Wir sind von Ort zu Ort, von Dorf zu Dorf gezogen, haben Versammlungen auf öffentlichen Plätzen, in gemieteten Lokalitäten oder unter schlichten Zelten abgehalten; teilgenommen haben alle, die von diesen Fragen betroffen sind: Bauern, Organisationssprecher, gewählte Volksvertreter und Bürger, die sich für diese Themen interessieren, die unser aller Zukunft beeinflussen. So ist es uns gelungen, das Bewusstsein eines jeden für die Inhalte internationaler Handelsabkommen und die Folgen von geistigen Eigentumsrechten an Saatgut zu schärfen. Die teilnehmenden Bauern begriffen die Auswirkungen dieser Veränderungen auf ihre tägliche Feldarbeit.

Eine andere wichtige Methode besteht darin, den Widerstandsgeist zu erkennen und kollektiv zu nutzen. Allerdings hat seit Anfang der 1990er-Jahre die Globalisierung in manchen Ländern die persönliche Freiheit massiv eingeschränkt. Damals konnten sich indische Landwirte zum Beispiel noch eine Bus- oder Bahnfahrkarte kaufen, um sich auf einer Demonstration zu treffen, während sie heute aufgrund des Preisverfalls und Preisdumpings im landwirtschaftlichen Bereich zunehmend verarmen und jede Rupie zweimal umdrehen müssen. Um diesem Problem zu begegnen, müssen wir viel mehr dezentrale Aktionen anstoßen. Große Menschenmengen an einem Ort zusammenzubringen ist nicht mehr so leicht wie früher. Folglich arbeiten wir heute im ganzen Land und versuchen nicht mehr, uns alle an einem Ort zu versammeln. Zum Beispiel waren wir, als wir am 25. Mai 2013 den World March Against Monsanto organisierten, nicht alle auf derselben Route unterwegs, sondern jede Aktivistengruppe organisierte einen eigenen Demonstrationszug. Eine sehr lehrreiche Erfahrung: In 436 Städten in 52 Ländern sind zwei Millionen Menschen auf die Straße gegangen, um gegen gentechnisch veränderte Organismen und das Modell der industriellen Landwirtschaft zu protestieren, das uns die großen Saatgutkonzerne aufzwingen wollen. Und dieser Marsch wurde innerhalb von nur zwei Monaten auf die Beine gestellt, insbesondere mithilfe der sozialen Netzwerke. Man könnte sagen, dass die Aktivisten sich beinahe autonom mobilisiert haben.

Unsere Strategie beruht auf der Einsicht, dass man durch Predigen weder das Selbstbewusstsein, das Engagement noch die Mobilisierung von Bürgern stärken kann. Das hassen sie, und auch ich persönlich verabscheue es, zu predigen. Zudem kann man Menschen nicht motivieren, indem man Ängste schürt. Es bringt nichts, wenn man in einer geifernder Rede vor einer Menschenmenge anprangert, dass Bayer die Bauern belügt und ihre Böden zerstört. Wichtig ist es, Hoffnung zu wecken. Und noch wichtiger ist es, bei den Menschen einen Hunger, ein Verlangen danach zu wecken, ihr ganzes Potenzial auszuschöpfen. Dadurch wird positive Energie freigesetzt und alle werden von den Möglichkeiten elektrisiert, die vor ihnen liegen. Der erste

Grundsatz meiner Mobilisierungsstrategie lautet daher, dass die Bewegung allen gehört. Es funktioniert nicht zu sagen: »Hier ist meine Fahne, ihr könnt sie auch tragen!« Allzu viele Aktivisten warten darauf, dass andere ihre Fahne tragen. Wir müssen uns von der Idee, Fahnenträger zu sein, verabschieden!

Der zweite Grundsatz unserer Methode ist breitwürfiges Säen. Wenn Sie sich dem breitwürfigen Säen widmen, verschwenden Sie keine Zeit damit, zu überlegen, wie die Ernte ablaufen soll, sondern konzentrieren sich darauf, möglichst großflächig Samen auszubringen. Mit anderen Worten, wenn wir kämpfen, sei es für die Saatgutfreiheit, gegen die Macht der multinationalen Konzerne oder für Ernährungssouveränität, ist es weitaus effektiver, die Bewegung wachsen zu lassen, statt den Versuch zu unternehmen, sie zu kontrollieren. Abgesehen davon ist die Pyramidenstruktur eine patriarchale Organisationsform, basierend auf Macht und Dominanz. Die weibliche Version der Mobilisierung lässt Initiativen und Netzwerke aufblühen. Es geht darum, sich darauf zu konzentrieren, was man geben kann, statt darauf, was man irgendwann zurückbekommt. Ich fürchte, wir haben das mechanistische Denken so tief verinnerlicht, dass selbst die Formen, in denen wir uns einsetzen und organisieren, davon durchdrungen sind. Zum Beispiel kommen manche Menschen hierher und sagen: »Wir sollten auch so eine Farm schaffen, wie ihr sie hier habt.« Dann antworte ich: »Aber warum wollt ihr genau das Gleiche machen?« Die Methoden, mit denen wir hier arbeiten, sollten an die unterschiedlichen Bedingungen unserer Besucher angepasst werden. Nur die Grundsätze sind dieselben. Eine Kartoffel, eine Bohne und eine Tomate unterscheiden sich voneinander. Aber sie haben eines gemeinsam: Sie wachsen aus der Saat, die man in fruchtbarem Boden ausbringt. Beim Aktivismus ist es ganz ähnlich; wir sind ständig auf der Suche nach dem perfekten Menschen oder dem besten Ort, der uns inspiriert, den wir sogar nachahmen können. Aber wir müssen nicht wie Maschinen alle das Gleiche tun. Wir sind lebendig, und wir sollten die Vielfalt feiern in allem, was wir tun, wo immer wir sind – auch wenn wir uns bemühen, unsere Mitmenschen zu mobilisieren.

Dem Konsum etwas entgegensetzen

Viele unserer Mitstreiter sehen den Konsum als die Wurzel der gegenwärtigen Probleme an. Konsum ist jedoch nur ein Symptom einer viel tieferen Krankheit. Er ist vor allem die Folge einer Überproduktion, die irgendwie verkauft werden muss. So werden wir getrieben, viel mehr zu kaufen als wir brauchen. Die Spirale des Wachstums treibt Unternehmen dazu, unaufhörlich zu verkaufen. Folglich greifen sie zu einer vorprogrammierten Strategie der Verschwendung und geplanten Produktalterung. Heute hält ein Paar Schuhe zwei Monate, während es bei solider Fertigung zehn Jahre halten könnte. Einige Saris, die ich trage, wurden bereits von meiner Mutter zwanzig Jahre lang genutzt! Wussten Sie, dass ein guter Sari fünfzig Jahre halten kann? Eine Wirtschaft, die sich auf nachhaltige Produkte stützt, reduziert den Konsum. Eine Wegwerfwirtschaft oder eine Wirtschaft, die auf Ausbeutung der Erde und anderer Menschen beruht, stimuliert und vermehrt den Konsum.

Das Konsumentendasein hat unerwartete Auswirkungen auf den Menschen. Die meisten von uns konsumieren, aber sie produzieren nichts. Als ich eines Tages in der Region Assam (im Nordosten Indiens) war, schenkte man mir einen wunderschön bestickten Stoff. In dieser Gegend besitzt jeder Haushalt einen Webstuhl und die Menschen fertigen diese wunderbaren Gaben für ihre Gäste an. Jede Familie hat ihre speziellen Muster und in den handgefertigten Objekten spiegelt sich ihre Identität. Wenn die Menschen das Geschenk, statt es herzustellen, einfach gekauft hätten, wäre ein Teil ihrer Identität als Handwerker und Künstler verschwunden. Die Konsumgesellschaft – die uns den Glauben aufdrängt, wenn ich nicht kaufe, bin ich ein Niemand – untergräbt unsere Identität. Warum strömt die Jugend der Welt in die Einkaufszentren? Weil alles andere bedeutungslos geworden ist, ist das der Ort, den sie aufsuchen, um ihrem Leben Sinn zu geben. Das entspringt einer tiefen Krise. Unternehmen zwingen Bürger, etwas zu tun, das ihnen keine echte Befriedigung gibt. Die gekauften Waren sind nie genug und füttern nur eine Spirale der Enttäuschung. Im Gegensatz dazu verlangt ein Leben, das von Sinnsuche bestimmt ist, von Natur aus nach Mäßigung: Genug ist genug. Wenn ich genug gegessen habe, beende ich die Mahlzeit. Diese Kleider genügen mir, diese Schuhe auch. Manche Menschen haben unzählige Paar Schuhe, das ist absurd.

Das Konzept, auf dem das alles beruht – unbegrenztes Wachstum –, erzeugt eine unbegrenzte Ausbeutung von Ressourcen menschlichen und natürlichen Ursprungs. Wenn ein Unternehmen Eisenerz abbaut, dann ruht es nicht, ehe die Mine völlig erschöpft ist. Wenn eine Firma Bäume aus einem Urwald verkauft, dann fällt es alle. Ganz gleich, aus welchem Blickwinkel man die Sache betrachtet, es liegt auf der Hand, dass wir, ökologisch gesprochen, entschleunigen müssen. Es gibt Grenzen dessen, was der Produktivismus ungestraft zerstören kann: Ist ein bestimmter Punkt überschritten, zerstört man die Wirtschaft, weil eine Gesellschaft, die nur aus Konsumenten besteht, zwangsläufig zusammenbricht. Genau das ist in Südeuropa geschehen: Die unzähligen Einkaufszentren, die in den griechischen Städten gebaut wurden, stehen heute leer. Innerhalb einer einzigen Lebensspanne haben wir die Entstehung der Kultur des Konsumismus beobachtet, und wenigstens in Teilen Europas sehen wir sie bereits zusammenbrechen. Die Menschheit muss sich auf den Zusammenbruch der Wirtschaft vorbereiten. Jeder muss wissen, wie man darauf reagiert. Ein Leben jenseits des Konsumismus, das Post-Shopping: Das ist ein zeitgemäßes Projekt für die Menschheit!

Ich glaube übrigens nicht, dass dafür das Zustandekommen einer kritischen Masse nötig ist. Warum sagte Gandhi: »Sei du selbst die Veränderung, die du dir wünscht für diese Welt«? Weil allzu viele Menschen die Trägheit des Systems als Ausrede benutzen, sich nicht zu verändern. Sie warten darauf, dass sich das System verändert – dass eine kritische Masse entsteht –, ehe sie sich selbst infrage stellen. Solange das nicht gegeben ist, sagen sie, wird ihre isolierte Aktion nichts ausrichten. Gandhi sagte: »Wenn du handelst, werden dir Menschen folgen und dasselbe tun!« Wenn das, was du tust, richtig ist, wirst du nicht nur durch dein Handeln an sich etwas bewirken, sondern jene, die enttäuscht sind und keinen Sinn finden, werden inspiriert, und dann handeln auch sie. Zu uns, nach Navdanya, kommen die Menschen, weil wir unseren Worten Taten folgen lassen.

Unsere heutige Gesellschaft ist rund um eine Lüge organisiert. Aber mit der Lüge verhält es sich wie mit einer übersättigten Lösung: Gibt man nur einen Tropfen Wahrheit zu, so kristallisiert sich alles um ihn herum. Unsere heutige Gesellschaft ist mit Frustration übersättigt. Wir leben im materiellen Überfluss, aber der Sinn fehlt. In diesem Kontext ist jeder Kampf, jede Initiative und Alternative ein Katalysator, ein Auslöser, der Kettenreaktionen auslöst.

Ich glaube, dass eine wachsende Zahl von Menschen bereit ist zur Veränderung. Was fehlt, ist nicht die Zahl der Bürger, die sich mobilisieren, sondern der Kontakt zwischen ihnen. Aus diesem Grund sind unsere Universität der Erde und unser britischer Partner, das Schumacher College – das ebenfalls die ökologische Wende lehrt –, so wichtige Orte. Hier werden Kontakte geknüpft, hier kommen neue Möglichkeiten zum Vorschein. In einem vernetzten Kontext kann sich eine Person zahlreiche Alternativen und Potenziale vorstellen, auf die sie sonst nicht gekommen wäre. Um diesen Multiplikatoreffekt zu erzielen, müssen wir noch mehr solcher Orte schaffen, an denen alle, die selbst die Veränderung sein wollen, sich selbst neu erfinden können. Aus diesem Grund wird im Navdanya-Zentrum nicht nur Saatgut vermehrt und der Boden bestellt, sondern wir kultivieren auch die Vorstellungskraft, um ein neues Narrativ zu schaffen.

Ich bin mir sicher, dass wir in den nächsten Jahren eine Transformation in einer gewaltigen Größenordnung erleben werden. Sie ist sogar unabdingbar für unser Überleben. Die Warnsignale sind unverkennbar. Unsere derzeitige Wirtschaftsordnung, die auf unbegrenztem Wachstum beruht, steht kurz vor dem Zusammenbruch. Die wiederkehrenden Finanzkrisen zeigen ganz klar, dass ein System, das virtuellen Transaktionen mehr Bedeutung zumisst als dem Planeten und den Lebensbedingungen der Menschen, nicht von Dauer sein kann. Die herrschende Ordnung überlebt nur, weil unentwegt öffentliche Mittel in die Rettung von Banken und Privatunternehmen gepumpt werden, anstatt sie für die Wiederherstellung der Umwelt und die Verbesserung der Überlebensbedingungen der ärmsten Bevölkerungsgruppen zu verwenden. Dieses System könnte ohne die Eskalation der Gewalt, die wir sowohl gegen

Menschen als auch gegen Ressourcen erleben, gar nicht weiterbestehen. Diese Gewalt ist, wie wir gesehen haben, gerade in Zentralindien und anderen Ländern des Südens besonders ausgeprägt.

Das Bewusstsein über unser fehlgeleitetes Verhalten wächst derzeit enorm, insbesondere seit der Klimawandel eine Form des Fundamentalismus beleuchtet, die uns über die wahren sozialen und ökologischen Kosten der Konsumgesellschaft hinwegtäuschen möchte. Die Bevölkerung ist heute mobilisiert und aufgewacht, bereit zu handeln, auch in den Ländern des Nordens. 2008 ist beispielsweise während der Bankenkrise quasi über Nacht die Occupy-Bewegung entstanden. Sie waren bereit. Sie hatten bereits erkannt, wie gefährlich das derzeitige System tatsächlich ist. Diese Aktivisten sind wachsam, organisiert und agieren sehr autonom. Sie haben es buchstäblich »satt«, sie haben die Nase voll. Die Schnelligkeit und Effizienz dieser Form der Mobilisierung zeigt, dass die öffentliche Meinung heute funktioniert und Handlungsbereitschaft vorhanden ist. Einige Aktivisten sind arbeitslos, andere verdienen ein Vermögen, aber ihre Botschaft ist die gleiche: Sie prangern die Ideologie des Wachstums um jeden Preis an. Entgegen vieler Vorurteile macht sich diese Erkenntnis nicht nur bei den sozial benachteiligten Gruppen breit. Bei unseren Teilnehmern an der Universität der Erde sehen wir ganz klar eine Veränderung des Profils. Unlängst waren unter den Teilnehmern einer Schulung zum Biolandbau drei Experten aus der Welt der Hochfinanz. Sie haben erklärt, das viele Geld auszugeben, das sie verdient haben, habe sie nicht glücklicher gemacht. So wie vielen anderen Menschen ist ihnen aufgegangen, dass jenseits eines bestimmten Wohlstands überhaupt kein Zusammenhang mehr zwischen Geld und Zufriedenheit besteht.

Die Staaten sind sich der Mobilisierung ihrer Bürger sehr wohl bewusst, die sich von den gängigen politischen Strukturen gelöst hat und autonom an Stärke gewinnt. Der südafrikanische Schriftsteller David Hallowes zum Beispiel enthüllt in seinem Buch *Toxic Futures*, dass sich das Pentagon auf einen »Krieg der vierten Generation« gegen »nichtstaatliche Feinde« vorbereitet,[4] nämlich gewöhnliche Bürger. Dieser Krieg ist ein permanenter Kampf gegen jeden, der die Wirtschaftsordnung bedroht: Aktivisten, die Armen und sozial Benachteiligten sowie Migranten gehören zu den potenziellen Angriffszielen. Solche Pläne sind besonders gefährlich angesichts der Zerreißproben, die wir derzeit erleben: Die Verknappung von Rohstoffen und die wachsende Häufigkeit von Naturkatastrophen erzeugen Panik. Gewalt wird diese Situation jedoch nur verschlimmern, ins Chaos und sogar zur Machtergreifung durch Diktatoren führen. Gleichzeitig ist ein völlig anderes Szenario absolut möglich: ein Wandel, basierend auf Solidarität zwischen Menschen, die sowohl die Grenzen des Systems erkennen als auch die Dringlichkeit der gegenwärtigen Situation. Wir stehen am Scheideweg.

Mein persönliches Leben und die Gewaltlosigkeit

Die Werte von Toleranz, Gewaltlosigkeit und zivilem Ungehorsam sind in unserer Familie tief verwurzelt. Das Schicksal meines Großvaters mütterlicherseits ist ein Beispiel dafür, aber diese Lebensweise beruht hauptsächlich auf täglichem Handeln und langfristiger Praxis. Unsere Familie konsumierte weder Fleisch noch Alkohol und wir haben sehr einfach gelebt. Das bezog sich auch auf unsere Kleidung: Mein Vater trug seine Kleidung viele Jahre lang, trotzdem lief er nicht in Lumpen herum und besaß eine unverkennbare natürliche Eleganz. Meine Mutter trug

handgefertigte Baumwollkleidung. Manchen mag das ent-
behrungsreich erscheinen, aber das war es in Wirklichkeit
nicht. Bei uns zu Hause war immer etwas los. Wer Hilfe
zur Verteidigung eines ökologischen oder sozialen Anlie-
gens brauchte, wurde mit offenen Armen aufgenommen,
wurde bei uns verpflegt und konnte übernachten. Meine
Mutter war gesellschaftlich stark engagiert und unterstützte
Bewegungen aller Art, häufig auch solche, die mit ihrer
persönlichen Geschichte wenig zu tun hatten: muslimische
Frauen, burmesische Flüchtlinge, Kinder von Unberührbaren und so weiter. Es herrschte ein ständiges Kommen und
Gehen, unterschiedliche Leute lernten einander kennen.
Mira Behn und Sarla Behn, enge Verbündete Gandhis,
die ihn rund zwanzig Jahre lang begleiteten, pflegten eine
intensive Freundschaft mit meiner Mutter. Sogar
Mitglieder der Kongresspartei wie Indira Gandhi
waren bei uns zu Gast.

Ich glaube, die erste Anforderung der Gewaltlosigkeit
besteht darin, die Wahrheit zu sagen. Deshalb versuche ich,
mich einer einfachen Sprache zu bedienen, die den Sach-
verhalt klar und knapp darstellt. Ich komme gern direkt
zum Punkt; das sehe ich letztlich als meine Pflicht an. Es
ermöglicht mir auch, in jeder Bewegung, an der ich teil-
nehme, anderen Mut zu machen. Das ist für jeden wichtig,
denn für Planung und Aktionen braucht jeder eine klare
Perspektive.

Abstrakter Gewinn vs. reale Natur

Der Kampf, den ich führe, bringt für mich oft die Konfrontation mit Privatunternehmen. Zurzeit beschäftige ich
mich damit, was das eigentlich theoretisch betrachtet ist, ein
Unternehmen. Es ist keine Person, aber wir haben ihm den
rechtlichen Status einer Person verliehen. Ich muss zugeben,

dass ich mich mit Bayer-Managern an einen Tisch setzen und genauso freundlich plaudern kann, wie jetzt mit Ihnen. Dass ich jedoch das Gebilde »Bayer« als Person ansehe, der ich höflich die Hand schütteln muss, ist undenkbar. Es hat keine Hand, die ich schütteln könnte.

Um das zu verstehen, müssen wir einen Blick in die Vergangenheit werfen. Das Konzept der Gesellschaft mit beschränkter Haftung wurde von der East India Company erfunden. Davor gab es natürlich auch schon Unternehmen und Handel, aber der Kolonialismus hat dieses neue Modell hervorgebracht. Wenn Schiffe aus Indien mit Gewürzen oder aus Lateinamerika mit Gold an Bord aufbrachen, war der Handel abgeschlossen; falls das Schiff sein Ziel erreichte, gehörte das Gold dem Kaufmann. Wenn es aber irgendwo auf dem Ozean überfallen und ausgeraubt wurde, übernahm die Gesellschaft, das heißt der Staat den Verlust. Daher die Bezeichnung »Gesellschaft mit beschränkter Haftung«. Es ging darum, die Gewinne zu privatisieren, die Verluste aber zu sozialisieren. Heute zeigen sich diese Privatisierung der Gewinne in der Zügellosigkeit der wenigen Reichen und die Sozialisierung der Kosten in der Zerstörung unserer Gemeingüter und des Planeten.

Diese abstrakten Konzepte zu beleuchten ist eine zentrale und vielleicht sogar die wichtigste Aufgabe für mein Anliegen. Die Taschenspielertricks der Unternehmen beweisen, dass wir als Spezies psychisch krank sind. Wir vergessen, dass unbegrenztes Wachstum, Unternehmen, die als Personen behandelt werden, Profit, der zur Tugend erhoben wird ... dass all dies nur Konstruktionen sind, die wir für die Realität halten. Wir zerstören die wunderbare und vollkommen reale Natur, die uns umgibt, zugunsten dieser Abstraktionen und vergessen dabei, dass sie nur Mittel, niemals aber Zweck sein sollten. Dieser Vorgang wirkt wortwörtlich lähmend auf die Menschheit – er bringt uns dazu zu glauben, es gebe keine Alternativen. Das Ziel muss also bleiben, die Erde, die ein lebendiger Organismus ist, zu erhalten sowie Freiheit und Demokratie zu schützen. Das sind die Grenzen, die wir respektieren müssen. Um wieder zur geistigen Gesundheit zurückzufinden, müssen wir einen Neuanfang machen und sagen: »Wir dürfen uns nicht von diesen Abstraktionen beherrschen lassen.« Die Kontrolle über das System muss in den Händen der Bürger liegen.

Der Bezug zur inspirierenden Natur

Jeder Aktivismus braucht einen Anker, und wir alle brauchen Dinge, die uns Kraft geben. Ich gebe zu, dass mir der Müßiggang nicht entspricht, einmal abgesehen vom Lesen. Ich lese sehr viel, vor allem wenn ich auf Reisen bin, sind meine Taschen vollgestopft mit Büchern. Aber Ablenkung vom Aktivismus ist das Lesen für mich eigentlich auch nicht, denn ich mache mir nicht viel aus Romanen und bevorzuge Sachbücher. Die Berichte vor allem aus Indien, die ich höre oder lese, sind so dramatisch, dass mir Romane häufig trivial und langweilig erscheinen. Die Gespräche, die ich mit engen Freunden oder meiner Schwester Mira und meinem Bruder Kuldip führe, sind weitaus unterhaltsamer. Mit ihnen kann ich mich wahrhaft entspannen: Sie sind die emotionalen Säulen, aus denen ich zwischen Konferenzen, Gerichtsprozessen oder Demonstrationen Kraft schöpfe. Abgesehen davon sind meine Geschwister und meine Angehörigen alle auf die eine oder andere Weise für Navdanya aktiv. Mein Privatleben und mein Engagement sind also unauflöslich verwoben.

Allerdings werden für mich auch meine härtesten Kämpfe, etwa gegen Monsanto, nicht zur Obsession: Sie beanspruchen nur einen kleinen Teil meiner Gedanken. Wenn ich hier auf Navdanya, unserem Bauernhof, bin, inmitten der Felder, vergesse ich sie. Hier kann ich mich am besten entspannen. Mein Denken wendet sich ganz selbstverständlich den Aktivitäten auf der Farm zu: Was wir tun können, damit am Straßenrand mehr Blumen wachsen; dass ein Garten in der Nähe des Speisesaals Besuchern ermöglichen würde, im Freien zu essen. Ich versuche, dafür zu sorgen, dass unsere Gäste beim Abschied eine tiefere Beziehung zur Natur gewonnen haben.

Die Anwesenheit von Seminarteilnehmern verleiht diesem Ort eine sehr besondere Atmosphäre. Sie kommen aus aller Welt, vor allem aus Japan, den Vereinigten Staaten, Europa und natürlich Indien, und sie teilen gern die einfache Lebensweise auf unserer Farm: Sie übernachten zu dritt oder auch zu fünft in kleinen Räumen, jeder beteiligt sich an der Herstellung der Zutaten, aus denen wir gemeinsam vegetarische Gerichte kochen, und anschließend spülen wir gemeinsam ab. Außerdem treffen wir uns zum Yoga, zum Singen und Musizieren. Vor allem aber kommen die Menschen, um an unseren Schulungen teilzunehmen und sich so den philosophischen Hintergrund und die praktischen Kenntnisse anzueignen, die für die ökologische Wende benötigt werden.

Mir bereitet es großes Vergnügen, Kurse zu verschiedenen Themen zu geben, die wir diskutiert haben, zum Beispiel »Biolandwirtschaft von A bis Z« oder »Gandhi und die Globalisierung«. Die kleine Belegschaft von einigen Dutzend Mitarbeitern ermutigt zu direktem Kontakt, vor allem mit denen, die kommen, um beruflich oder privat ein Ökoprojekt auf die Beine zu stellen. Alle, die unsere Farm im Doon Valley, die Universität der Erde, besuchen, sind deshalb herzlich zu den Kursen eingeladen, die ich halte. Da ergibt sich die Gelegenheit, im Schatten von Mangobäumen oder beim Spaziergang in den Reisfeldern zu plaudern. Die besondere Energie, die von diesem Ort ausgeht, stammt sowohl von der Überfülle der Biodiversität als auch von der Vielfalt der Projekte, die hier von unseren Besuchern entwickelt werden. Wie die neun Samenkörner *(navdanya)*, die als Symbol unserer Organisation dienen, sind auch die hier ausgetauschten Ideen dazu bestimmt, sich überall dort auszubreiten, wo die Freiheit bedroht ist. Mögen sie zu einer neuen Gesellschaft beitragen, die friedlich, resilient und glücklich ist!

Anmerkungen

Einleitung

[1] Zum Beispiel Robin, Marie-Monique (2008): *Monsanto, mit Gift und Genen*; Serreau, Coline (2010): *Solutions pour un désordre global*, Quillet, Stenka; Montfort, Clément (2014): *La Guerre des graines*.

[2] *Moyers and Company*, amerikanische Talkshow, 13. Juli 2012.

[3] Dieser Ausdruck bezeichnet die widerrechtliche Aneignung von Pflanzen und des lokalen Wissens sowie die Ausbeutung biologischer oder genetischer Ressourcen, die bestimmten Regionen gehören, durch kommerzielle Unternehmen unter ungerechten, wenn nicht illegalen Bedingungen.

[4] Vandana Shiva (2010): *Staying Alive, Women Ecology and Survival in India*, South End Press (Erstausgabe erschienen bei Kali for Women, 1988). Eine deutsche Übersetzung gibt es bislang nicht. Online verfügbar unter www.arvindguptatoys.com/arvindgupta/stayingalive.pdf.

[5] Siehe S. 131.

Kapitel 1

[1] FAO/PAM (2010): *L'État de l'insécurité alimentaire dans le monde: combattre l'insécurité alimentaire lors des crises prolongées*, www.fao.org/docrep/013/i1683f/i1683f.pdf.

[2] ??? (2011): *The HUNGaMA Survey Report, Fighting Hunger and Malnutrition*, hungamaforchange.org/HungamaBKDec11LR.pdf.

[3] Die Ernährungs- und Landwirtschaftsorganisation sowie die Weltgesundheitsorganisation der Vereinten Nationen.

[4] Vgl. den Bericht von Anand Grover über das Recht aller Menschen auf körperliche und geistige Gesundheit vor dem UN-Menschenrechtsrat im April 2014.

[5] Landwirtschaftsministerium der USA (2011): *Supplemental Nutrition Assistance Program: Number of Persons Participating*.

[6] Fuel Crisis Hits Services, *BBC News*, 14. September 2000.

[7] UNCTAD (2013): *The Trade and Environment Report 2013, Wake Up Before It Is too Late: Make Agriculture Truly Sustainable Now for Food Security in a Changing Climate*.

[8] (2009): Dritter Wasser-Entwicklungsbericht der Vereinten

Nationen, »Water in a Changing World«, http://www.unesco.org/new/en/natural-sciences/environment/water/wwap/wwdr/wwdr3-2009/.

9 *Coping with the Food and Agriculture Challenge: Smallholders' Agenda, Preparations and Outcomes of the 2012 United Nations Conference on Sustainable Development* (Rio + 20), http://www.fao.org/3/a-ar363e.pdf.

10 Bericht des Sonderberichterstatters für das Recht auf Nahrung, Olivier de Schutter, 20. Dezember 2010.

11 Shiva, Vandana; Singh, Vaibhav (2011): *Health per Acre. Organic Solutions to Hunger and Malnutrition*, Navdanya RFSTE, www.navdanya.org/attachments/Health%20Per%20Acre.pdf.

12 Bericht des Sonderberichterstatters für das Recht auf Nahrung, a.a.O.

13 (2008): *Organic Agriculture and Food Security in Africa*, UNCTAD-UNEP, New York-Genf, 2008.

14 Shiva; Singh (2011), a.a.O.

15 IAO-FAO (2010): *Alimentation, agriculture et travail décent. Sécurité et santé.*

16 Indien hat diesen Umbau zur Intensivlandwirtschaft in den 1960er-Jahren durchgemacht.

17 Forschungsinstitut für biologischen Landbau (FiBL); Internationale Vereinigung der ökologischen Landbaubewegungen (IFOAM): The World of Organic Agriculture. Statistics and Emerging Trends 2013, http://orgprints.org/26322/1/1606-organic-world-2013.pdf.

Kapitel 2

1 Vandana Shiva ist Hinduistin. Die Veden kennen fünf Elemente, darunter den Raum (oder Äther), dessen Haupteigenschaft ist, dass sich in ihm der Klang entfaltet.

2 www.teebweb.org

3 Versammlung der Vereinten Nationen, 64. Sitzungsperiode, 108. Plenarsitzung.

4 Alternativer Nobelpreis 2005, Autorin zahlreicher Bücher, darunter *Blaue Zukunft – Das Recht auf Wasser und wie wir es schützen können*, Verlag Antje Kunstmann, München 2003.

5 Plachimada Coca-Cola Victims Relief and Compensation Claims Special Tribunal Bill 2011.

6 Shiva, Vandana; Jani, Shreya; Fontana, Sulakshana M. (2011): *The Great Indian Land Grab*, Navdanya.

7 Human Rights Watch (2008): *»Being Neutral is Our Biggest Crime«: Government, Vigilante,*

and Naxalite Abuses in India's Chhattisgarh State, www.hrw.org/reports/2008/india0708/india-0708web.pdf.

[8] The Independent People's Tribunal on Land Acquisition, Resource Grab and Operation Green Hunt, Constitution Club, New Delhi, 2010, navdanya.org/news/107-the-independent-peoples-tribunal-on-land-acquisition-resource-grab-and-operation-green-hunt.

[9] Die Exfrau von Mick Jagger, bekannt für ihr Engagement zur Verteidigung der Menschenrechte, für das sie zahlreiche Preise erhalten hat.

[10] Die indische Autorin hat unter anderem Der Gott der kleinen Dinge, München 1997, geschrieben und 1997 den Booker Prize erhalten.

[11] Cotula, Lorenzo et al. (2009): Land Grab or Development Opportunity? Agricultural Investment and International Land Deals in Africa, www.ifad.org/pub/land/land_grab.pdf.

[12] Weltbank (2012): India: Issues and Priorities for Agriculture.

Kapitel 3

[1] Vgl. Kapitel 1, Anmerkung 16.

[2] A. d. Ü.: Den Namen Monsanto gibt es seit der Übernahme des Konzerns durch die deutsche Bayer AG 2018 nicht mehr. Zum historisch korrekten Verständnis wird im Folgenden dennoch von Monsanto gesprochen, wenn von Zeiträumen vor der Übernahme durch Bayer die Rede ist.

[3] (2009): Agriculture at a Crossroads, International Assessment of Agricultural Knowledge, Science and Technology for Development (IAASTD), Island Press.

[4] Doug-Gurian Sherman (2009): Failure to Yield: Evaluating the Performance of Genetically Engineered Crops, Union of Concerned Scientists, www.ucsusa.org/assets/documents/food_and_agriculture/failure-to-yield.pdf.

[5] (2012): National Bureau of Crime Records.

[6] »Ministry Blames Bt Cotton for Farmer Suicides«, Hindustan Times, 26. März 2012.

[7] Europäische Kommission (2013): Animal and Plant Health Package: Smarter Rules for Safer Food, https://www.daera-ni.gov.uk/articles/smarter-rules-safer-food-package

[8] A. d. Ü.: In der Folge wurde der Entwurf vom Europaparlament abgelehnt, was maßgeblich der Kampagne für Saatgut-Souve-

ränität zu verdanken war; siehe
auch http://www.saatgutkampa-
gne.org/.

9 Stéphane Horel u. Corporate
   Europe Observatory (2013):
   *Unhappy Meal. The European Food
   Safety Authority's Independence
   Problem*, https://corporatee-
   urope.org/sites/default/files/
   attachments/unhappy_meal_
   report_23_10_2013.pdf.

10 Food and Water Watch (2010):
   *Food and Agriculture Biotechnology
   Industry Spends More Than Half
   a Billion Dollars to Influence Con-
   gress*, www.foodandwaterwatch.
   org/briefs/food-and-agriculture-
   biotechnology-industry-influence.

11 US Securities and Exchange
   Commission, Litigation Release
   Nr. 19023, 6. Januar 2005.

12 »Vandana Shiva, Anti-GMO Cele-
   brity: ›Eco Goddess‹ or Dangerous
   Fabulist?«, *Forbes*, Januar 2014.

13 Gilles-Éric Séralini et al (2012):
   »Long Term Toxicity of a
   Roundup Herbicide and a
   Roundup-Tolerant Genetically
   Modified Maize«, *Food and Che-
   mical Toxicology*.

14 *Food and Chemical Toxicology*,
   50 (11), 2012.

15 Natasha Gilbert (2013): »Case
   Studies: a Hard Look on GV
   Crops«, *Nature*.

16 Friends of the Earth Interna-
   tional (2014): *Who Benefits from
   GV Crops? An Industry Built on
   Myths*, https://www.foei.org/
   wp-content/uploads/2015/02/
   Who-benefits-2015.pdf.

17 Peter H. Raven, Ray F. Evert u.
   Susan E. Eichhorn (2012): *Biology
   of Plants*, W. H. Freeman.

18 (2010): »Understanding Seed
   Systems Used by Small Farmers
   in Africa: Focus on Markets«,
   CIAT Practice Brief #6, CIAT
   (International Centre for Tropical
   Agriculture).

19 Diese Selektion beruht auf
   gemeinsamen Überlegungen und
   Beobachtungen von Landwir-
   ten und Forschern mit dem
   Ziel, Sorten zu finden, die den
   Anbaumethoden der Landwirte
   ebenso gerecht werden wie den
   Bedürfnissen der Verbraucher.

20 DNA-Sequenzierung ist die
   Bestimmung der Abfolge der
   Nukleotide im DNA-Molekül.

21 Bei der rekombinanten DNA
   wird ein DNA-Molekül mittels
   gentechnischer Methoden neu
   zusammengesetzt.

22 The International Center for Tropical Agriculture (2014): »Increa-
   sing Homogeneity within Global
   Food Supplies«, in *Proceedings of
   the National Academy of Sciences of
   the United States of America*.

23 A. d. Ü.: Siehe auch https://
   seedfreedom.info/de/campaign/
   pakt-fur-die-erde/.

24 (2012): *Seed Freedom, a Global
   Citizen Report*, Navdanya.

Kapitel 4

[1] Die pakistanische Stadt gehörte damals noch zu Indien.

[2] Vandana Shiva (1989): *Das Geschlecht des Lebens. Frauen, Ökologie und Dritte Welt*, Rotbuch Verlag.

[3] FAO: *Women, Agriculture and Food Security*, www.fao.org/worldfoodsummit/english/fsheets/women.pdf.

[4] FAO (2011): *Women – Key to Food Security*, http://www.fao.org/docrep/014/am719e/am719e00.pdf.

[5] Satish Kumar: »L'Anticartésianisme est un Humanisme«, *Le Monde Magazine*, 1. Januar 2011. Satish Kumar ist außerdem Autor von *You Are, Therefore I Am: A Declaration of Dependence* (Green Books, 2002) und Schriften wie *Path without Destination* (Eagle Brook, 1999), seiner Autobiografie.

[6] Pablo Neruda (2002): *Zwanzig Liebesgedichte und ein Lied der Verzweiflung*, Spanisch-Deutsch, übers. v. Fritz Vogelgsang, Sammlung Luchterhand.

[7] Mies, Maria; Shiva, Vandana (2016): *Ökofeminismus. Die Befreiung der Frauen, der Natur und unterdrückter Völker*, AG SPAK Bücher.

[8] FAO: *Women – Key to Food Security*, a. a. O.

[9] FAO: *Women – Key to Food Security*, a. a. O.

Kapitel 5

[1] Jean Ziegler (2004): *The Right to Food*, UN-Bericht; und Erwin Wagenhofer (2005): *We Feed the World*, Dokumentarfilm.

[2] OECD-FAO Agricultural Outlook, 2011–2020.

[3] Gandhi, Mohandas K. ([1909] 1938): *Hind Swaraj, or Indian Home Rule*, Navajivan.

[4] Hallowes, David (2011): *Toxic Futures: South Africa in the Crises of Energy, Environment and Capital*, Scottsville.

Danksagung

von Lionel Astruc

Ich widme dieses Buch Nina, meiner Ökofeministin im Reifrock. Mein herzlichster Dank gilt Cyril Dion, der die Idee zu diesem Buch hatte, Maya Goburdhun für ihre Unterstützung und Freundlichkeit, dem gesamten Team von Navdanya für ihre Gastfreundschaft, Direktor Jim Becket sowie Camilla Denton Becket und James Whitney für ihre Hilfe und die schöne Zeit während unserem Aufenthalt in Dehradun und Aïté Bresson für ihre bemerkenswerte Sorgfalt bei der Redaktion. Und zu guter Letzt würde es dieses Buch nicht geben ohne die Geduld von Vandana Shiva, die alle meine Fragen freundlich und vorbehaltlos beantwortet und gerne ihre in der Vergangenheit gemachten Erfahrungen geteilt hat.

Nachhaltigkeit bei oekom

Die Publikationen des oekom verlags ermutigen zu nachhaltigerem Handeln: glaubwürdig & konsequent – und das schon seit 30 Jahren!

Bereits seit Herbst 2016 verzichten wir bei den meisten Büchern auf das Einschweißen in Plastikfolie. In unserem Jubiläumsjahr machen wir den nächsten Schritt und weiten den Plastikverzicht auf alle ab 2019 erscheinenden Hardcover-Titel aus.

Auch sonst sind wir weiter Vorreiter: Für den Druck unserer Bücher und Zeitschriften verwenden wir vorwiegend Recyclingpapiere (mehrheitlich mit dem Blauen Engel zertifiziert) und drucken mineralölfrei. Unsere Druckereien und Dienstleister wählen wir im Hinblick auf ihr Umweltmanagement und möglichst kurze Transportwege aus. Dadurch liegen unsere CO_2-Emissionen um 25 Prozent unter denen vergleichbar großer Verlage. Unvermeidbare Emissionen kompensieren wir zudem durch Investitionen in ein Gold-Standard-Projekt zum Schutz des Klimas und zur Förderung der Artenvielfalt.

Als Ideengeber beteiligt sich oekom an zahlreichen Projekten, um in der Branche einen hohen ökologischen Standard zu verankern. Über unser Nachhaltigkeitsengagement berichten wir ausführlich im Deutschen Nachhaltigkeitskodex (www.deutscher-nachhaltigkeitskodex.de). Schritt für Schritt folgen wir so den Ideen unserer Publikationen – für eine nachhaltigere Zukunft.

Dr. Christoph Hirsch
Programmplanung und Leiter Buch

Anke Oxenfarth
Leiterin Stabsstelle Nachhaltigkeit

Schöne Höfe statt trister Agrarfabriken

Ophelia Nick

Neue Bauern braucht das Land
Ein Plädoyer für gute Lebensmittel aus einer gesunden Umwelt

oekom verlag, München
ca. 208 Seiten, Klappen-
broschur mit Farbbogen,
20,– Euro
ISBN: 978-3-96238-122-6
Erscheinungstermin:
07.10.2019
Auch als E-Book erhältlich

»Modern heißt für mich: mit der Natur arbeiten statt gegen sie!«
Ophelia Nick

Ophelia Nicks Vision: Bauern, die pestizidfreie Lebensmittel herstellen, ihren Tieren ein würdiges Dasein ermöglichen und eine artenreiche Agrarlandschaft gestalten. So werden triste Agrarfabriken wieder zu Bauernhöfen, bekommen Lebens-Mittel ihren Wert zurück.